JN305262

子どもの心をひらく

― 考える力を引き出す保育の実際 ―

白濱洋征

一莖書房

はじめに

3・11東日本大震災と原発事故は、筆舌につくし難い惨禍をもたらしました。津波による死者行方不明者は約2万人。2000人の子どもたちが親を亡くし、200人の子どもが両親を亡くしました。原発事故の不安も予断を許さない状況にあります。「いのち」の尊さ、日常の何気ない日々の営みがどんなにか、恵みに満ちたものであるか、即ち、「生きる」ことは「生かされている」ことだ、との思いを実感した年でもありました。

しかし、一方で自殺者の数は10年連続で、3万人台を推移していますし、行旅死亡者（身寄りのない孤独死）も3万2000人を数えます。そして幼児虐待は5万5000件を超えたとの報道もあります。

私は長年にわたって、幼児の考える力を育てる『ＳＩあそび』という保育活動に携わってきました。

子どもが考えることに熱中し、没頭し、集中する姿に魅せられて、その活動を今日まで続けてきた、と言ってよいかもしれません。

その実践を通して、私は子育てとは、
1、子どもに自信を持たせること。（自己肯定感）
2、受け身ではなく、自分からやろうとする積極性や意欲を育てること。
3、自分の持ち味にふさわしい出番（仕事）を見つけられるように、援助してあげること。
だと思います。

子どもの大好きな動物は「ぞう」「きりん」「ライオン」です。大きくて強いものにあこがれる、それは自らの成長願望の表れです。子どもは過去を振り返りません。「あした」が大好きです。

子どもとは「未来への期待感に生きる存在」、と言ってよいかもしれません。

肯定的に物を見ようとする子どもに、私たちはいつも「ダメ」「イケマセン」の禁止句や「こうしなさい」「早くしなさい」の指図や命令ばかりで、子どもの行動を否定してしまいがちです。それは同時に小さい時から、自己否定のメッセージを常に送り続けていることなのです。

私は自分が保育する時に、自分に言い聞かせていることがあります。

それは、

1、子どもを叱らずに勇気づけてあげること（ほめてしつける）。

2、子どもに結果（できた、できない、早い、遅い、上手、下手）を一切問わないで、取り組もうとする意欲や取り組んでいる姿勢（過程）に注目すること。

3、子ども同士を比べない（競争ではなく協力しあう）。

4、手をかけることと目をかけることを区別する（子ども一人ひとりを「和顔愛語」で包む、自分の行動の責任は自分でとってもらう、口や手を出しすぎない）。

こうした態度で臨むと、子どもは驚くほど熱中します。50分という課題活動が、「やらされている保育」ではなく、「自ら進んでやろうとし、最後まで成し遂げる保育」になります。

本書は初めて『SIあそび』に取り組む保育者を対象にした、二日間の研修記録をまとめたものですが、子育ての真っ只中にいるお母さん、お父さんにも、ぜひ読んでいただきたいと思います。

二〇一二年　二月

目次

1

学ぶ力と心を育てる

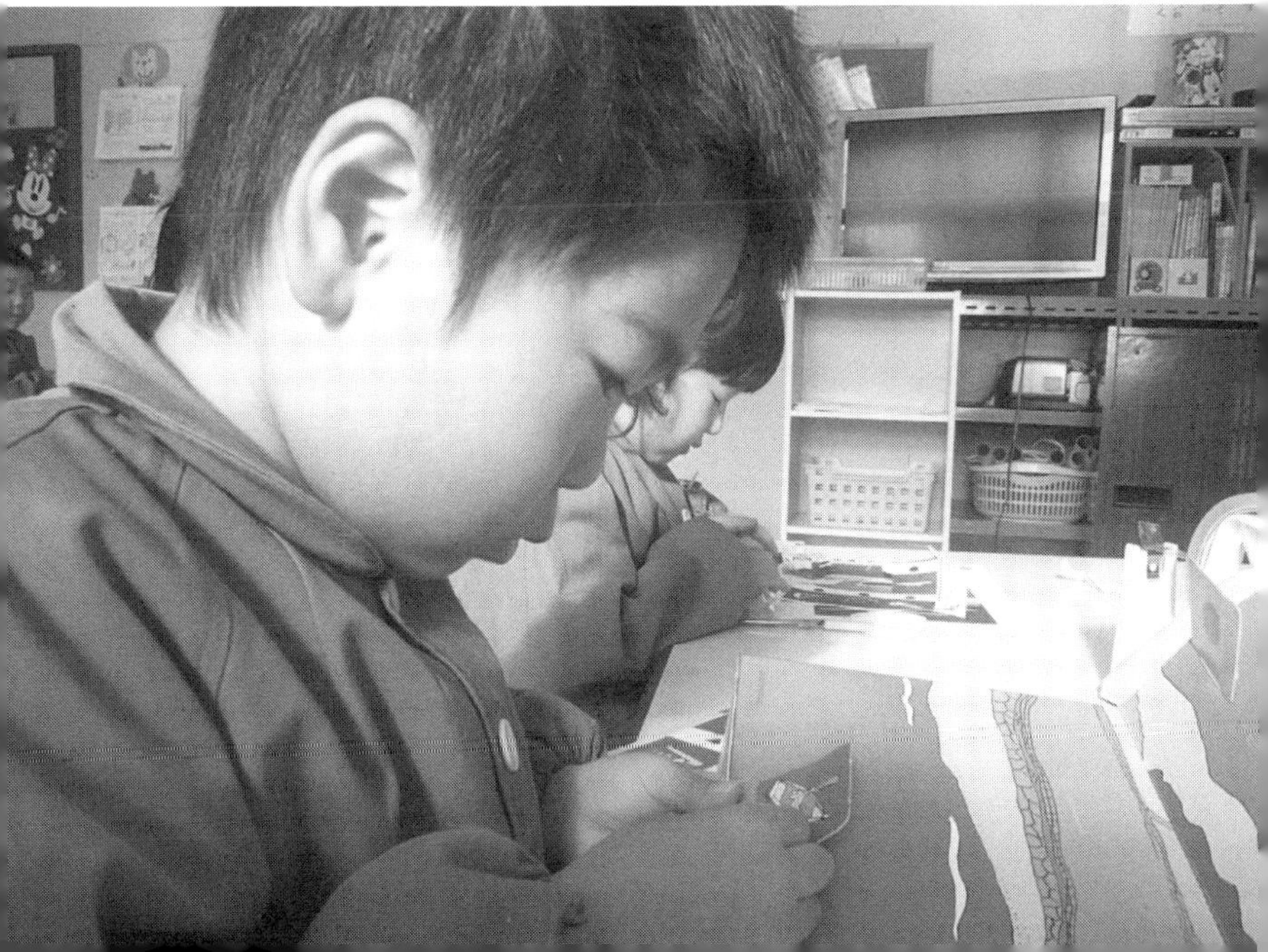

考える力を伸ばすためには

自発性を引き出す

考える力を伸ばしていく、あるいは引き出していくためには何よりも子どもの自発性、子ども自らがやりたいという気持ちになることが必要になってきます。そのためには命令したり、指図したり、禁止句をつかったり、口出ししたり、あるいは許可（「先生やっていいですか」とたえず教師の許可を求めて行動したり、「これが終わったら次をやりなさい」と言っていちいち指示すること）を与えないで、子どもが自ら考え、感じ、工夫し、感動し、共感しあうように援助していかなければなりません。

注意の集中力

考える力を引き出す二つ目は、一つの事にしっかりと目を向け、人の話に耳を傾け、同時にそれを持続できる力があること、即ち、「注意の集中力」が必要になります。

この注意の集中力は、子ども自身が何かに夢中になって取り組んだり、熱中したりする、没頭する、「熱中体験」によってつきます。「熱中体験」を重ねれば重ねるほど集中力はつくと言ってよいのです。

子どもが好きなことに熱中する、好きなことに夢中になる、我を忘れて何かに打ち込む、その時間の経過や体験が深ければ深いほど、注意の集中力がつきます。注意深く物事を見る力とか、先生の話にしっかりと焦点をあわせるとかは、熱中体験によって培われてくるわけです。教師は子どもがいかに夢中になれるか、いかに集中するかをいつも考え、心をくだかねばならないのです。

そのためには、人間は好奇心の塊ですから、好奇心を刺激してあげればいいのです。

壁を乗り越える

三つ目は〝壁〟を乗り越えるということです。普段の保育の中にも〝壁〟にぶつかるということはたくさんあります。何かを組み立てるとか、ハサミで切るとか、なかなか思うようにいかないことが必ず出てきます。それを乗り越える体験は、発達を促す上で幼児期には絶対に不可欠です。ともすれば保育という仕事は子どもに苦労させないように、例えば子どもが泣いたりすると、「かわいそう」と言ってなぐさめたりしますが、子どもが苦労したり葛藤したりする体験を用意してあげないと、子どもの確かな成長は促されないのです。

したがって発達を促すためには、苦労すること、〝壁〟と格闘すること、そしてそれを乗り越える体験が必要なのです。ただ〝壁〟があまりにも大き過ぎると、最初からやる気を失くしてしまいますから、〝壁〟が大きすぎてもまずい。乗り越えられるかどうか五分五分の可能性と言いますか、〝適度な〟壁は子どもの発達には大変大事な要素です。

欠乏体験と自然体験

木登りをする、木から落ちる、痛い目にあう。道を歩いていると、石につまずく、ころぶ、これらを「自然体験」と言います。知恵というのは、痛い目にあわなければ出てこないのです。〝壁〟にぶつかるからこそ、知恵が出てくるのです。

現代の親たちは、子どもがケガをすると園を告訴する、やっかいな時代になりました。子どもを苦労しないように育てていますが、「自然体験」の喪失が子どもの自立を妨げている面があるのです。

自発性を引き出すためには、「欠乏体験」も必要です。

食欲というのは、胃が空っぽになるから食べたくなるのです。学ぶということも自分に分からないことがあるから、もっと知りたい、学びたいという思いにかられるのです。それを「欠乏体験」と言います。

小食や偏食を直す方法の一つは、おやつを与えないことです。冷蔵庫を空っぽにするか、野菜ジュースだらけにする。三度三度のご飯も30分経って食べなかったら片付ける。そうするとお腹が空くから、当然食べたくなります。

批判ばかりする

逆に自発性、やる気を失くさせる方法があります。その一つは批判ばかりする、ケチばかりつけることです。「それは違う」とか、「もう一回やりなおしなさい」「もっと早くやらなければダメ」とか、「君はおっちょこちょいだね」、「よく考えてないね」と失敗を厳しく叱ったり、他者と比較したり、完全さを要求したりすると、やる気を失くしてしまいます。ともすれば、私たちは欠点ばかりが目についてしまいがちです。「欠点はなかなか直らない」のです。欠点を直そうとするよりは、長所を伸ばそうとする方がずっと効果があります。欠点は長所なのです。

例えばすごく慎重で、おっかながり屋さんで、不安傾向の強い子がいるとします。でも別の角度から見ると、人一倍思いやりがある優しい子どもです。先生の後をくっついて歩く子や、なかなか集団に入れない子というのは、一方では感受性が強くて、すごく思いやりがあって優しい子なのです。

そういう子どもに「どうして怖がるの？」とか、「みんながやれるのだから、あなたもやれるでしょう」とか、「早くしなさい」「一人でトイレに行きなさい」と欠点ばかりを指摘すると、劣等感になっていくのです。

その子の良さ、長所に注目するとその子の持ち味になります。それを個性というのかもしれません。

子どもは未来への期待感に生きる

3〜6歳の子どもに「知っている動物を言ってごらん？」と聞いてみます。

真っ先に出てくる動物の名前は何だと思いますか？

一番が「ぞうさん」です。三歳児は「ウサギ」を上げますが、「ぞう」「キリン」「ライオン」がベスト3です。これは強くて大きなものにあこがれるという成長願望からきています。自分も強くて大きくなりたいのです。「未来への期待感に生きる存在」、それが子どもということになります。

子どもは、「おもしろそう」ということに対しては、いつも首をつっこんできます。未来へのよろこび、快がイメージされた時に、人間はやる気が出てくるのです。

狭いアパート暮らしから、もっと大きなマンションに引っ越したいとか、サッカー選手になりたいとか、常に快い方向や希望に胸をふくらませる。いやなことに対しては心が向かない。子どもは特に肯定的感情の塊ですから、いつも前向きの感情を後押ししてあげるようにしたいものです。ところが、「大丈夫かな」「ちゃんとやれるかな」とか、常に未来を不安という形で捉える癖の人がいます。

過去と他人は変えられない

また逆に過去の失敗にこだわる人もいます。子どもは未来への期待感に生きるけれど大人は過去にこだわる。それも後悔という形で、「しまった」とか、「もっと勉強しておけばよかった」「こうすればよかった」と口癖のように言う人がいます。過ぎ去ったことをいくら後悔しても、過去は過去です。

「過去と他人は変えられない」という言葉があります。他人を変えようと思ってもなかなか変えられない。親子をめぐる悲劇というのは、子どもを自分の思うように変えようとするところから始まります。

子どもであれ、夫（妻）であれ、人を変えようとしても、残念ながら人は変わりません。しかし私たちは自分を変える自由を持っています。そして自分の感情をコントロールすることはできるのです。

怒りの感情はどうして起こるか

怒りという感情、「頭にくる」というのは、自分が正しくて相手が間違っているると思うからです。常に相手は間違っている、自分は正しいと思い込んでいるから怒りになる。このような後悔や怒りや不安の感情のことを「陰性感情」と言い、決して子どもの心を明るく前向きにしてはくれません。

一方、「未来への期待感」を引き出しふくらませていく感情を、「陽性感情」と言います。毎日をつつがなく暮らしていること。毎日楽しく遊んでいること。こうしたよろこびを子どもに与えてあげることが保育者の仕事です。

陰性感情でいつも子どもたちに接していると、子どもはいつも受け身になり積極的に学ぶことができません。体罰は子どもの心を暗くし、虐待は子どもの心にフタをします。子どもが自発性を失くしていくかかわり方を、アドラー派の心理学では「勇気くじき」という言葉を使っています。

愛の反対は無関心、無視されるつらさ

勇気をくじく方法の一つに、無視するということがあります。例えば私が話をしている時に、聴衆が眠り込んだり、携帯でメールを打ち出したりしたら、話し手である私は話をしたくなくなります。要するに、働きかけに対して、何の答えも返ってこないことを無視すると言うのです。

「効力感」と「無力感」

「ぼくが泣くといつもお母さんが来てくれる。ぼくの働きかけに対して、必ず応答がある」、これを「効力感」と言います。これがやる気の根源なのです。自分の働きかけに対して答えが返ってくる。私たちでも一所懸命やっているの

に、少しも前進しないともうやめようという気になります。赤ちゃんもそうなのです。いくら泣いても誰も振り返ってくれない。泣いてもお母さんが来ない。そのうち泣いても無駄と思うようになる。そうなれば赤ちゃんの心の中に「無力感」が形成されます。

ハサミで紙を切ってみる。あるいは形をくり抜いて紙に貼った。そういう自分のやったことによって、対象が変化すると、そこによろこびの感情がわくのです。学習能力の非常に大事な部分です。

そして効力感の中にある「認められたい」という欲求も、人間の中の大きな欲求の一つです。特に3歳から8歳の時期は、承認欲求と言いますが、この欲求をもっとも強く持つようになります。

例えば、発表者が前に出て発表し終えた時には、「みんなで拍手」と全員に拍手を促します。発表者の肩に手を置いて頭をなでながら、「みんなで拍手をしましょう」と言います。それによって前に出て発表した子どもは、「みんなから認められた」というよろこびで心が満たされるのです。そのことによって一層、やる気が起こるわけです。何気ないことのようですが、みんなの心を一つにまとめていく上でも効果があります。

お母さんは仕事が忙しい。ほとんど働きづくめで、子どもがいろいろ言って来るけれども、それを受け止めてあげる心の余裕がない。つい、「こうしなさい、ああしなさい」と指示や命令ばかりになってしまう。「今日こんなことがあったよ」と子どもが話しかけて来ても、十分に聞いてあげられない。子どもの話を聞いてあげる。子どもは自分の話を聞いてもらえる。これは子どもにとってとてもうれしいことなのです。うなずきながら、相づちを打ちながら、全身で聴いてあげる。そうすると、子どもはどんどん話したくなります。自分の話に関心をもってくれた、自分を受け容れてくれたよろこびに包まれるのです。

ところが聴いてもらえないと、次第に話すことをあきらめてしまうようになります。あるいは次子の赤ちゃんにばかり気が向いて、自分のことをかまってくれないと、人間は無視されるのが一番つらいから、逆に叱られてもいいから、「僕に関心を寄せろ」と、マイナスの注目をさせようとする。クラスで落ち着きのない子とか、困ったことをやる子は家族やグループから無視されている子が多い。「自分に注目してくれ」、という無意識のサインを送るようになります。

マザー・テレサの言葉に、「愛の反対は無関心」というのがあります。愛の反対は憎しみではない。誰も自分に関心を寄せてくれないと思った時に、人間は大きな孤独感や絶望感に襲われます。それが自死に向かいます。いじめの中で、もっとも陰湿ないじめは「シカト」だと言われます。一人の子をターゲットにして寄ってたかってその子を無視する。無視された子は死を選ぶしかない。まさに「愛の反対は無関心」なのです。「みんなと一緒にいたい」「仲間はずれにされたくない」という欲求を「所属欲求」と言います。これも人間にとっては最も大きな欲求の一つです。

疎外された時に私たちは生きる意欲さえ失ってしまう。クラスという一つの集団を、陽性感情を持って、一人ひとりとほほえみを交わしながら接してあげる。一人ひとりにやさしいまなざしを向ける。相互に尊敬し、信頼し合いながらかかわっていけば、クラス全体がうれしくなってくる。それがクラスの仕組みをつくるということです。

ほめて圧力をかける

勇気くじきの三つ目はほめすぎるということ、これもやる気をくじいてしまう。どうしてほめすぎるのがいけないのでしょうか。

例えば発表会の時、親が観ている前では歌おうとしない子とか、運動会の時、徒歩競争の直前に走ろうとしない子がいます。あるいは保育参観や授業参観の時、いつもの保育では手を挙げるのに親の前では決して手を挙げようとしない子がいたりします。これらはほめられすぎた子に多いのです。条件付きのストロークとか、愛とか言いますが、ほめすぎるというのは、できるか、できないかということにだけに、親が関心を持ってしまうのです。

無関心は子どもには張り合いが失くなるけれども、その関心が上手だとか、下手だとか頭がいいとか悪いとか、「歌、うまいね」、「踊り、上手だね」、「かけっこも一番だったね」、そういう形で注目されてしまうと、「子どもはできないといけない」、「一番でなければならない」と思うようになるのです。

良い子に育てられると人の評価を気にする子になる

みなさんの中にもいわゆる「良い子」だった人がいるかもしれませんね。十歳ぐらいまでの自分を思い出してみてください。父親が厳格だったり、学校の勉強もそれなりにできがよくて、やりたいことを我慢していたという人。

「良い子」というのは結果主義で育てられているために、周りの評価をいつも気にするという習性が、身についてしまいます。できないといけないとか、失敗したらどうしようとか思うわけです。あの人には勝たなければいけないと、いつも比較競争という心理が出てくる場合が多い。うまくできないといけないんじゃないか、失敗したら何にもならない。これを「完璧病」とか、「失敗恐怖症」と言います。

このようにほめすぎると、完璧病や失敗恐怖症、間違えたらどうしようという気持ちを抱きがちになります。「よくできましたね」とか「上手だったね」、「誰ちゃん一番早かったね」とつい言ってしまいがちですが、結果に注目しないで、むしろ「ゆっくりやっていこうね」とか、「一所懸命考えていますね」とプロセスに注目する言葉がけをしてほしいと思います。

特に新学期に意識的に使ってほしい言葉がけは、「間違えてもいいよ」、「好きにやっていいからね」という言葉です。その言葉を自分自身にも言い聞かせてください。「間違えてもかまわないいんだよ」、「好きにやっていいんだよ」「自分でいいと思ったらいいいんだよ」と。すると「先生、でたらめにやっていいの？」と聞いて来る子がいるかもしれません。その時は「自分でいいと思ったらいいよ」と言ってあげるのです。

ありのままの自分でいい

人と比較したり、人に勝つために自分の人生があるわけではありません。しかし現実は、待ったなしの競争社会です。私たちも競争社会の只中にいるわけだけれども、人に勝つことが人生の目的ではありません。

「勇気くじき」の反対。別の言い方をすれば、「勇気づけ」てあげるのです。それはありのままの自分をそのまま認めてもらうことなのです。

良い子というのは「お前はできるからすばらしい」とか、「私のいうことを聞くから良い子だ」とか、条件付きのストローク、ストロークというのは、人からもらう刺激を言いますが、そうではなくて無条件のストローク、あるがままのあなたでいい、というように援助してあげることです。自分は自分のことが好きであり、ありのままの自分でいい、人々は私の仲間だ、人々は信頼できる、あるいは問題解決することは楽しいことだ、と感じるように援助してあげることを「勇気づける」と言います。

当たり前だと思うことに注目し「ありがとう」を言う

おしゃべりをしている子がいると、私たちはつい、「お口にチャック」と言ったり、よそ見している子がいると、「○○ちゃん、こっちを向きなさい」と注意したりします。でも他の子どもはみんな先生の話を聞いている。お話を聞いている子は当たり前だと思っているけれど、話を聞いているということは素敵なことなのですね。当たり前だと思うことに注目する。これを「適切な行動に注目する」と言います。先生の話をよく聞いてくれる。これは「適切な行動」です。「みんなお話を聞いてくれてありがとう」と言います。

教材を取りに来る時、他のみんなが待っていてくれた。待つのが当たり前だと考えずに、「適切な行動」、待っていてくれたことに「ありがとう」と言う。そうすると、不思議にみんな静かに待っていてくれます。おしゃべりに夢中になっている子どもに注意を喚起しなければいけない時もありますが、この場合も「適切な行動に注目し、不適切な行動を無視する」の原則でいくのです。「椅子を机の中に入れてくれましたね」とか、「みんなこちらを向いてくれましたね」。当たり前だと思うことにその都度注目するのです。そしてそれをほめてあげる、勇気づけてあげる。「みんな姿勢がいいですね」と、全員をほめてあげると、「みんな」という言葉を、子どもは自分がほめられたととるのです。

「先生と私」という関係を、子どもは「先生」と「みんな」ではなく、「先生」は「ぼくにだけ」に話をしてくれる、自分がほめられたととるのです。これは幼児の独特の心理なのです。教師はみんなをほめているつもりなのですが、子どもたちは自分がほめられたととる。子どもと先生の関係は、「一人対集団」ではなく、「一人対一人」なのですね。先生はぼくにだけ目をかけてくれた、ぼくをほめてくれたと思うのです。

「先生」と「わたし」

「子どもは未来への期待感に生きる存在だ」と言いましたが、もう一つ、子どもは、「先生はぼくにだけ声をかけてくれた」、こういう捉え方を「自己中心性」と言います。自己中心性とは、一般的には「わがままな子」と捉えがちですが、まず自分を世界の中心に据えて物事を見ていくという点で大事なポイントなのです。

子どもと遊んでいる時に、子どもから「そんなことをすると、遊んであげないよ」とよく言われます。こっちが遊んであげているのだけれども、子どもは「遊んであげない」という言い方をするのです。

「適切な行動」に肯定的言葉をかける

子どもの望ましい行動にいつも注目します。椅子を机の中に入れてくれたとか、ゴミを拾ってくれたとか、習慣化してほしい行動は、いつもプラスの注目をしていきます。

すると、子どもたちは一所懸命協力してくれます。また注目の言葉がけが、結果ではなくプロセスに視点がいくようにしたいものです。「いい考えがたくさん出ているよ」、「形を見比べながらやってるね」と言うように、取り組んでいる姿勢やプロセスに注目する。できるだけ「よくできました」「お上手です」「早くできました」といった結果主義的な言葉は使わないようにする。「一所懸命に考えていたね」「よく考えていたね」「いい考えですね」というのは、「よくできました」とはニュアンスが違うのです。

勇気づけるというのは、当たり前だと思えることにいつも注目する、当たり前だと思うことに「ありがとう」と言う。「一所懸命考えてくれた」「一緒に遊んでくれた」「とってもうれしかった」、このように「うれしい」や「ありがとう」がいつも口ぐせのように出てくる。そういう人間関係を築いていきたいものです。

失敗した時こそ勇気づける

子どもが失敗した時、この時も勇気づけてあげたいですね。失敗は子どもにとってつきものです。失敗から子どもは学んでいく。たくさんの試行錯誤を経ながらやっていくわけですから、失敗することは子どもの特権と考えなければいけません。子どもはたくさんの失敗をします。私たちはそれをとがめたり、叱りつけたり、あるいはお説教をしたりしますと、子どもは臆病になっていきます。

子どもが教室でおもらしをした時、私たちはどういう勇気づけをしたらいいのか、「バケツを持ってらっしゃい」「ぞうきんを持ってらっしゃい」とか大騒ぎをして始末する。あるいはその子に「どうして始まる前に先生に言わなかったの」と説教をしたりします。

失敗した時は、前の状態にもどせばいい。

そして同じ失敗を繰り返さないように対策を立てる。感情的にならないでそのことを実行する。感情をぶつけてしまいますと、失敗を恐れる子どもになってしまいます。

プライドを傷つけない

大勢の前で叱らない。

とりわけ気をつけたいことはプライドをつぶしてはいけないということ。子どもの欠点、例えば「この子は自閉症なんです」とか、「言葉が遅れているんです」とか、子どもの前では言ってはいけない。プライド、面子をつぶさない。

みんなの前で恥をかかさないようにすることです。だからおもらしをしたら、すみやかに何事もなかったように拭いてあげ、後始末をする。説教をみんなの前でやらない。これはいろいろな場面で大事なことです。

行為を叱り、人格をほめる

もう一つ考えてほしいことは、「行為」と「人格」を区別すること。行為については「そういうことはしてはいけない」「あぶないことはやめよう」と行動や行為を注意します。

ところが、「どうしてあなたはひがみっぽいの」「なんで弱虫なの」とか人格を攻撃してしまう。行為と人格を分けるという習慣も、勇気づける上ではすごく大事です。

子どもの面子をつぶさない、あるいは子どもに恥をかかさない。人格と行為を区別し、良い子、悪い子を作らないことです。

何度もお願いしても言うことを聞かない子、わざと歯向かってくる子がいます。それは教師とその子の間に信頼関係がないからだと、捉えてください。気になる子どもがいたら、まずその子と仲良くなること、フリーの時間にそういう子どもと真っ先に遊んであげることです。言うことを聞かない子は、家庭でそういう仕打ちを受けていると考えてください。叱られてばかりいて、おまけにほったらかしに育てられる。そういう背景をもっているのでちょっかいを出したり、嫌がらせをしたりするのです。そういう子どもこそ仲良くなって、好きになってあげることです。

やろうとしない子をどう勇気づけるか

すぐに、「ぼくにはできない」「分かんない」「むずかしい」と言って来る子や途中で投げ出す子は、勇気をくじかれ、臆病になっている子どもと捉えてください。自分はいつもできないと決めつけてしまう。これは「できない」という自分勝手な思い込みなのです。

例えば、はたから見ると普通の体形であるにもかかわらず、モデルを理想として、自分は太っている、鼻が低い、背が低いと思い込んで悩む人がいます。

自分の中に思い描いた理想から現実をマイナスしていく。引き算していってできる感情を劣等感と言います。私も美人になりたい、ダイエットしてシェイプアップして素敵な体形になるとか、一所懸命勉強して学者になろうとか金持ちになるぞとか、劣等感はある意味ではバネになる部分もあります。

期待しすぎて圧力をかける

「ぼくできない」とか、課題に取り組もうとしないのは、子どもが失敗を恐れて、臆病になっていると解釈してほしいのです。

子どもの目の高さよりも、もっと過剰な期待を親が持ってしまって、できて当たり前だとみてしまう。

そういう子どもは期待に応えようとして、結局応えられないことが分かっているので、自分はできないとあきらめてしまうのです。本当は「やりたい」のだけれど、失敗を恐れて取りかかれないでいるのです。

「きっとうまくいくと思うよ」、とか「必ずうまくいく、大丈夫よ」という言葉がけで勇気づけてみます。それでもやろうとしなかったら、もう少し時間を待つ。やる気が起きるまで待つ。待つというのが保育の大事な部分でもあります。待つことを、「関心を持って見守る」という言葉に置き換えてみましょうか。それが保育という仕事、教師が身につけなければならない技術です。

何が何でも課題に参加させようとあせらないで、子どもが少しでも自分から動き出そうとしたら、すかさず「ありがとう」と言ってみるのです。

なかなかやろうとしない子に対して、お手伝いしてもらうこともいい方法だと思います。「先生のお手伝いをしてほしいんだ」と言って、例えば「誰々先生にこのチョーク持って行ってくれる?」「そのカード、悪いけど先生の代わりにここに貼ってくれる?」とか、ささいなことでいいのです。「そこのゴミ拾ってくれるかな」、そして拾ってくれたら、「ありがとう」と言います。子どもの積極性や貢献する姿勢に「ありがとう」を言うといいのです。ほめるために子どもを動かすのです。

達成できている部分に注目する

子どもの進歩を見逃さないでください。ちょっとした進歩、縄跳びなんかでもそうですね。二重飛びができるようになったら「すごい」。鉄棒でも逆上がりができたら「超天才」。ハサミの使い方、クレヨンのなぐり書き、「上達したね」、「ずいぶん進歩したね」「うまくなったね」とか、ちょっとした進歩もしっかりと支えてあげてください。

ある子がシートにカードを一個だけしか貼ってないとします。他の子はどんどん貼っている。その一個に注目していくのです。「よくできました」と言うのではなく、「いい考えをしたね」「じゃあ、その考え方で次もやってみようか」。「その考え方で」という言い方をするのです。このように達成できている部分、成果を指摘するのです。

声の調子に気をつける

次に勇気づけるポイントは、自分の感情に気をつける。特に声の調子、声には人間の感情が全部反映されています。子どもが受けとるのは、感情の方を受け取ります。言葉（理性）を受け取るのではないのです。「ちゃんとしなさい」と言った時の先生の顔の表情、声の調子に子どもは注目しています。子どもの受け取るメッセージは、教師の姿勢、あるいはそこにある顔の表情、持っている雰囲気、声の調子、抑揚、間、大きい声、小さい声、ささやく声とか、あるいは子どもとの距離、離れているのか近いのか、まなざし、ほほえみなどが子どもには伝わるのです。

言葉が伝わるのは7%、その他が93%。その他のメッセージをメタ・コミュニケーションと言います。からだ言葉と訳します。子どもに伝わるのは、そういう部分になるわけで、それが教師のメッセージになっていきます。そして教師も子どもの感情を受け止めてあげることが重要になってきます。

例えば、「そろそろ終わりにしていい?」と終了を予告した時、子どもが「まだダメ」と言ったとします。その時、「悪いけど終わりにしようか。残念だよね」とか、まだ遊びを続けていたい子どもの思いを受け止めてあげることも大事になります。

プラスのストローク、マイナスのストローク

人間はストロークなしでは生きていけません。人と触れ合うことによって人間は元気になったり、元気を失くしたりします。もらうとうれしくなるのをプラスのストローク、もらうと元気が失くなるのをマイナスのストロークと言います。ストロークには身体的ストローク、心理的ストローク、言語的ストロークがあります。

まず、身体的ストローク。肌の触れ合い。

幼児に対して私たちは、頭をなでる、ほおをさする、肩を抱く、握手したり抱擁したりします。これらは元気をもらうプラスのストロークです。

からだのストローク

たたく、なぐる、ける、つねるなどの暴力行為。これらはマイナスの（否定的）ストロークです。

体罰がなぜ子どもにとっていけないかと言いますと、もらうとうれしくないからです。体罰の弊害は、たくさんありますが、一番大きいのは、人の顔色をうかがう子になること。この人はやさしい人か、たたく人かとか、いちいち人の顔色、親の顔色をうかがう子どもになります。二つ目は言葉より暴力が価値があるという価値観を子どもに植えつけます。

三つ目はたたかれて育っていくと、どうしたら叱られないかを先に考えるため、自分の行動が受身的になっていきます。

四つ目は体罰をふるう人を信頼しなくなります。親子の信頼関係や絆がうすれていきます。

心のストローク

ほほえむ、うなずく、相手の言葉に耳を傾けるなどがあります。

特に相手の言葉に耳を傾ける。聴くということは、相手に関心を寄せることです。一所懸命聴いてあげること、特に問題をかかえた子どもの場合には、たくさん聴いてあげてほしいのです。自分の話を聴いてもらっていない、自分の気持ちを受け止めてもらっていない、命令ばかりされている、叱られてばかりいるから問題を起こすのだと考えてください。

否定的ストローク。返事をしない、にらみつける、あざ笑う、無視する、信頼しないなどです。

ことばのストローク

ほめる時は、結果ではなくプロセスに注目してほしいことを前述しましたが、「いい考えだね」「なるほど」「ありがとう」「うれしい」「たすかった」という言葉を、言語的ストロークと言います。

マイナスの言葉には、叱る、悪口を言う、「いけません」と頭ごなしに叱りつける、非難する、責める、皮肉を言うなどがあります。

とにかく子どもを責めるのをやめましょう。それから皮肉を言うのもやめましょう。

「めずらしく今日は静かだね」「いつもこの調子だとうれしいんだけどな」、こういう皮肉をつい我々も言ってしまいますね。

「ストローク」の欲求と充足の方法

乳児期

まず0歳から二歳ぐらいまで、乳児期の欲求は接触です。肌の触れ合い。

この欲求が欠乏すると正常な成長が妨げられます。多くの性犯罪者や残虐な事件を起こした人たちのほとんどが、この乳児期に絶対不可欠な肌の触れ合いをもらっていないと言ってもよいと思います。乳児は母親に抱かれたり、添い寝をしてもらうことによって、セロトニンというホルモンの分泌が活発になります。子どもの心の中に「しあわせだなあ」という気持ちが広がっていきます。乳児期に満足感と安心感を与えること、それが子どもに与えなければいけない一番のストロークです。

それをもらうと子どもの心の中に人を思いやる気持ちができてきます。

「人間は自分がやさしくされないと人にやさしくできない。」「自分が大事にされないと人を大事にできない」のです。

抱き癖をつける

充足の方法は、「抱きしめる。愛撫する」などの親密な交流。まさにだっこ、おんぶ、添い寝などです。

肌の触れ合いが十分でなかった場合、即ちセロトニンが不足すると、「逃避」とか「自己刺激」と言われる現象、指しゃぶり、爪かみ、あるいは攻撃的行為、人をたたく、かみつく、ちょっかいを出す、感情の起伏が激しい、姿勢が悪い、目をパチパチさせる、まばたきとか、チックなどの行為や行動が出てきます。

一人っ子か、きょうだいが二人、それとも三人以上なのか。何番目に生まれたのか。きょうだいの間隔、年齢差、そういうものも子ども理解のために大事な要素になります。それから生まれた月も情報として整理しておいてください。四～六月生まれなのか、一～三月生まれは、まだまだ母親のそばにいたい部分がありますので、不安傾向を持ちやすい子が多いと思ってください。

０歳児は「抱き癖」をつけること、それが０歳児前半期の大事なことだと思っています。「抱き癖」をしっかりとつけてあげると、安定感になります。自傷行為をする、頭を打ち付けたり、異物を口に持っていく、目が定まらないなどは、比較的０歳期の母子愛着が足りていないことで起こる現象と言えます。「抱き癖をつける」ことは、乳児期に親がやってあげなければならない一番大事な仕事かもしれません。

幼児・児童期

幼児期と児童期の欲求は**承認欲求**（**心の触れ合い**）。それが不足すると、自己否定の感情を生むことになりかねません。

承認欲求が欠乏すると、さらに劣等感情とか劣等コンプレックスが生まれま

す。充足の方法は、
①ほほ笑む、うなずく、言葉をかける、身振りで示すなどによって、その子の存在を認めてあげる。
②積極的に耳を傾けて聴いてあげる。
③毎日、本を読んであげる。
④毎日、一緒に遊んであげる。

指しゃぶりを直す五つのスキル

指しゃぶり、爪かみ、チック、攻撃的な行為、どもりが出てきた時に、これらの行為や行動を、強制的に直そうとしても直りません。次の方法でかかわっていきます。

まず「ほほえむ」。次に「語りかける」。三つ目は「触れ合う」。乳児期に足りなかったことをやっていくのです。四つ目が「ほめる」。五つ目が「見つめ合う」ことです。

「ほほえむ」、「語りかける」、「触れ合う」、「ほめる」、「見つめ合う」、この五つをていねいに繰り返していけば、乳児期に不足していたものが相当改善されていきます。

大人の欲求は「生きがい」。即ち、「人の役に立つこと」と「人から必要とされる」ことです。

これを「貢献感」と言ってもいいかもしれません。大人の欲求は貢献感、人の役に立ちたい、人からよろこばれたい、そういう部分だと思います。

引きこもりや不登校の子どもが、どういうプロセスで社会参加できるようになるかを見ていきますと、人間が充足されなければならない欲求が見えてきます。

まず、あいさつができる。あいさつをするということは、社会参加の第一歩です。次に雑談をする。たわいないことをおしゃべりする。そして徐々に人間関係の輪を広げていくのです。

違いを認めて共に生きる

私たちが子どもたちに何を与えていけばいいか、アドラー心理学の第一人者、野田俊作先生（アドラーギルド代表）は、学校教育で「４Ｓ」を与えていこうと言っています。学校教育の中で与えるべき４つのＳとは「尊敬」、「責任」、「社会性」、「生活力」、みんなサ行の言葉なので、４Ｓと言います。

「尊敬する」ということをしっかり教えたい。どんな人であろうと、尊敬しなければいけない。それを子どもたちに教えたい。そのためには、まず我々大人や教師が子どもたちを尊敬すること、子どもを尊敬しないと、子どもたちは大人や先生を尊敬しないからです。

みんな違う

私たちが与えられたいのち、あるいは子どもたちが育くまれていくいのちは、どういう特徴を持っているのか。大田堯先生（東京大学名誉教授・日本子どもを守る会名誉会長）の言葉を借りて、三つの特徴を述べてみます。

一つはどんな人間でもこの世の中に、一人しかいない。これが一番の特徴です。ぼくという人間はこの世の中に一人しかいない。同じ人間は一人として存在しない。もし自分と同じコピー人間がいたとしたら、それだけでその人の価値はなくなるということ。私たちは世界中でたった一つしかないいのちを、自分らしく光り輝かせていく権利がある。自分を大事にして生きていこうということです。

自分を大事にしていくメッセージを、一人ひとりの子どもたちに伝えたい。

それはやはり、あなたのいのちはかけがえのないいのちで、あなたしかこの世の中にいないということを、私たちはそれを「尊敬」というふうに考えたいと思います。指紋を押すだけでお金が引き出せる、世界中に70億という人口があふれているけれども、同じ指紋は一つとしてない。それが私たちのいのちのもっとも大きい特徴と言っていいかもしれません。

マルティン・ブーバーというユダヤの哲学者は、「この世の中にあなたという人間は一人しかいない。それがあなたの価値だ」と言います。

ということは、一人として同じ人間はいないのだから、私たちはみんな一人ひとり違う、ということになります。その違いを受け入れていくこと、違いを認め合っていくこと、それが「尊敬」ということかもしれません。家庭、学校、幼稚園、保育園、みんな一人ひとり違うということを認めていくことから始める。簡単なようだけれども、それを受け入れるということは難しいことです。

自己創出力

二つ目のいのちの特徴は、人間は変わるということです。常に変化していくということ、私たちは、0・1ミリの体内の卵細胞から出発したわけです。60兆という細胞を人間は持っていますが、ケガをした時、傷がふさがれて新しい細胞に生まれ変わっていきます。このように常に人間は変わっていくのです。これを自己創出力と言っていいと思います。

人間はみんな自分を変えていく、つくり出していく力を持っています。それが人間のすばらしさですね。常に人間は目あてを持って生きていくのです。人生を選びとっていく、選択していくのです。幼稚園の教師になったことも、大学に入ったことも、すべて自分で選択してきたことです。自分で判断し、自分で選びとってきたのです。

かかわりあう

いのちの特徴の三つ目は、かかわりあうということ。どんないのちも一人では生きていくことはできません。お互いを大事にしながら、支えあっていくしかありません。人間だけがなぜこの動物界に君臨できたかというと、協力することを学んだからです。人間はライオンのようなキバを持っていない。鳥のような翼を持っていない。魚のようなヒレを持っていない。しかし人間だけはお互いに協力することができる。だから私たちはこの世の中に君臨できているわけです。

相手の立場に立ってみること。私たちは子どもがどんなに「良い子」であろうと「悪い子」であろうと、相手の立場に立って考えてみることが必要なのです。

自分の課題を自分で引き受ける

二つ目の課題は「責任」ということ。責任とは自分の人生の課題を自分で引き受け自分の力で解決していくということです。人のせいにしない、人をあてにしない。幼稚園のせい、保護者のせい、子どものせいにしない。「あの子だからしょうがない」と言わないこと。自分の人生の課題を自分で背負っていくこと、それを責任と言います。

私たちには子どもたちへの責任があります。保護者への責任があります。自分を受け入れてくれた幼稚園への責任があります。それをしっかり自覚してほしいと思います。大人は簡単に仕事を投げ出してはなりません。私たちが生きていくために、幸せになっていくためには、仕事はどうしても必要なのですが、仕事というのは本来厳しいものだと覚悟を決めてください。仕事というのは決しておもしろいだけではない。どちらかと言えば、仕事はつらいことの方が多い。しかしそのつらさを、一所懸命一つひとつくぐりぬけていくところに喜びがあります。

人と協力して生きる

三つ目は「社会性」。社会性とは一言で言えば、人と協力して生きる姿勢を言います。アドラーはこれを、「共同体感覚」と言っています。「共同体感覚」とは、一つは共感する人がいるということ、二つ目はここにいていいという自分の居場所、安心できる場所がきちんとあること、自分はこのクラスの一員であるということ、家族の一員であるということ。そして三つ目は他者と協力して生きていくということです。それを共同体感覚と言います。

適期教育

四つ目が「生活力」です。私たちが生活していくためには、たくさんの知識や技術を身につけなければならない。学校で学ぶことも多くはそのためです。しかし幼児期は、国語や算数の勉強をするというよりも、学ぶための意欲や好奇心を蓄えてあげなければならない時なのです。大人や教師が知識や技術や技能を一人ひとりの子どもの違いを無視して、一方的に身につけさせることを急ぐと、いろいろな弊害が出てきます。

早くに知識・技術を与えることを、いわゆる「早期教育」と言います。「早期教育」というのは、いずれ学んだり身につけたりすることを早期に身につけさせようとすることを言います。いずれ学ぶことは学校にまかせておけばいいのです。今の時期でなければ育っていかないものがあります。それが大脳の発達と深くかかわってくるわけですが、発達する時期にふさわしい刺激は何かをさまざまな角度から吟味し、子どもの最善の利益を考えていくことを「適期教育」と言います。

遊ぶことを通して身につける人間関係の技術

また知識・技術を身につけることとあわせて、生活していく上でもう一つ大事なことは、人間関係の技術、コミュニケーション能力だと思います。家族でも組織でも一つの目標に向かってチームワークがしっかりとれて、自分もその位置につくことができるかは大事な力です。

教師集団の中にしっかり身をおけるかどうか、そして協力しながらやっていけるかどうか、それが人間力です。その対人関係の技術をアドラーは「相手を傷つけないで自分の要求を主張する技術」と言っています。相手を攻撃するのは簡単です。「何で分からないの‼」、「どうしてやらないの！」、「そんなことでどうするの！」と、つい私たちは相手を責めてしまいます。

また逆に、「言っても無駄だ」という感じで自分の言いたいことをあっさり引っ込めてしまう。愚痴は言うけれども、要求するのをやめてしまう場合もあります。「相手を傷つけずに自己主張できる技術」。これはなかなか難しいことです。幼児の場合はそれを何によって身につけるか、全部遊ぶことを通してなのです。知識や技術を吸収し、それを使いこなしていく能力は、トコトン遊びを通して身につけていくしかない、と言っても過言ではありません。幼児から遊びをとったら何も残らないというくらい、遊びは重要であり、それは子どもの仕事であると言ってよいと思います。

一人ひとりを競わせる、競争させるという方向でクラスをつくっていくのか、それともお互いが協力し合う形でクラスをつくっていくのか。「競争原理」は勝ち負け、あるいは、できるできないという関係です。これをタテの関係と言います。教師がいて「はい、そのとおり」「そうしなさい」「えらい」「君はよくできる」とやる。「協力原理」というのは尊敬、ヨコの関係。みんなで協力し、共によろこびあうクラスをつくっていこう、そして一人ひとりの考える力を磨いていこうということです。

保育者の心得十か条

「日本のフレーベル」、「日本の幼児教育の父」と言われる倉橋惣三先生の理論をベースに、私の解釈を適宜交えながら保育者の基本的心構えをお話しします。

1. 子どもを叱りつけたり否定的批判をし、圧力を加えないこと

子どもにプレッシャー、ストレスを与えないこと。とくに恐怖による動機づけをやめること。「これやらないとどうなるか分かる?」とか、体罰や恐怖に

よる動機づけをしていると子どもが受身になっていき、自発性を損ねて消極的になってしまいます。

2．結果ではなく過程を重視すること

保育は帰するところ、プロセスだということを肝に銘じてください。年長児を小学校に送り出す、その理想的なスタイルなどないのです。

生きているということは、その瞬間瞬間は過去になっていくわけです。３～６歳の子どもにとってみれば、毎日毎日が「いのちを躍動させたよろこび」、「何かをつくったよろこび」、「考えたよろこび」、「友だちと分かち合えたよろこび」、このようなよろこびを与えていくことが、保育者の仕事です。こう考えた、工夫した、達成した、成長した、分かち合えた、このようなよろこびを与えてあげること、それは結果ではなく、子どもが日々かかわっている過程（プロセス）にこそ意味があるのです。

子どもが「今日、園に来て楽しかった。明日もきっと楽しいことがある。だから行きたい」という、毎日の暮らしを支えてあげることです。

3. 保育を思いっきり楽しもう

保育とは子どもと一緒によろこびを分かち合う営みです。楽しくなければ、感動が伴わなければ、子どもの発達を十分に保障することにはなりません。脳の刺激になっていかないのです。教師はリラックスして自由でのびのびと教師自身がまず保育を楽しみたいものです。教師が萎縮していたり、緊張していては子どもも保育を楽しめません。

4. いつもしっかりとした指導計画に基づく実践を心がける

指導計画とは保育の見通しをしっかり持つということに他なりません。日々の保育の見通しをしっかり持った時、クラスに安定感が生まれてきます。それが子どもの心の余裕になっていきます。

教育という仕事は、常に意図的な営みなのです。教師や保育士は、意図性を持って、何のためにという目的を、常に持ちながらやっていかなくてはなりません。

しかし、指導計画どおりに子どもを動かそう、従わせようとしてはいけません。計画はあくまでも教師の見通しであって、「予想外」のことが起こることが保育のドラマ性であり、醍醐味なのです。教師もまた試行錯誤しながら子どもと共に学び合い、生きていくのです。

5．子どもと教師との間にいつも一体感があること

よろこび、感謝する、祈る、子どもと分かち合うということ。例えば、今日は子どもたちが課題活動に集中していた、それをよろこんであげればいいのです。子どもと教師の間に、一体感があること。鬼ごっこをする、かくれんぼをする時のワクワク感やスリルや解放感を、子どもと共に共有したり共感したりする、あの時の一体感です。

6．応答的環境に満ちていること。

一方的な説明、説教、あるいは命令というタテの関係ではなく、応答的環境。呼べば応えるというヨコの関係。応答性、呼応する、見つめ合う、語り合う、ほほえみ合う、そういう関係です。

7．自分の言葉が子どもの心に届いているかどうか

自分の言葉が子どもの心に届くためには、言葉を視覚化すること、言葉が子どもの頭の中にしっかりイメージできるものでなくてはなりません。

また、一度に一つのことだけを言うようにする。一指示一行動。「お着替えをして、静かに椅子に座って待ってなさい。」このように一度に三つも四つものことを指示しないこと。「言葉を視覚化すること」と「一指示一行動」、この二つのことをを心がけたいものです。

8. いつも驚き心を持つこと

子どもの心・気持ちで、子どもと同じ目線でということです。「ワァー‼」「ほんとう‼」「なるほど‼」とか、子どもの驚きや着想を一緒になってよろこぶ。それを驚き心と言います。「子どもの目で見、子どもの耳で聴き、子どもの心で感じとる」のです。

9. 創意工夫をこらす

常に創意工夫を持って臨む。保育がワンパターンにならないように心がけたいものです。

10.「して見せて、話して聞かせ、させてみて、ほめてやらねば人は動かじ」

親鸞の作という人もいますが、作者不詳です。山本五十六の作という人もいます。山本五十六は、第二次世界大戦の時の海軍の最高司令官です。真珠湾攻撃で奇襲作戦を立てた人でもありますが、その日本軍隊のトップにあった人が最強の軍隊さえもそうしないと動かないんだ、と言っているのです。人間を動かす原理はこれしかないというのです。

なぜこれを引用しているかと言うと、私たち教師の仕事は正に、「して見せて」だからなのです。まず子どもにして見せるのです。ですから、私たちは良き模範でなければなりません。子どもにとっては、模範生、モデルなのです。

子どもは教師の声色をまねし、姿勢をまねます。子どもはすべてまねる。私たちは子どもにとって、よりよき模範対象でなければなりません。「先生みたいに」という言葉を意図的に使ってほしいのです。そして話して聞かせる。叱る必要はない。聞いてあげる。命令ではなく「こうしてほしい」と協力をお願いするのです。「はい、どうぞ」でさせてみてほめてあげるのです。よく見ていた、よく気がついた、しっかり見ていたとほめるのです。

以上、十ヵ条の心得を保育の原点として、心得てほしいと思います。

2

『S1あそび』の指導の実際

――共に学び共に育つ――

教室環境

子どもを取り巻く環境には人的環境と物理的環境があります。教師の環境は人的環境ですが、子どもを集中させていくための物理的環境も無視できません。まず黒板やホワイトボードが一個必要です。設定保育の場合には目に訴えなければなりませんので、どうしても黒板が必要になります。

黒板に掲示したり、板書したりします。掲示計画とか板書計画と言います。導入で掲示するものをその高さや提示の順序をあらかじめ計画します。

次に教卓が必要です。教師が生徒の前に立つ、教師と子どもの間に机（教卓）を一個置きます。大人用の机ではなく子ども用の机が望ましいです。全員に発問する時は、あっちへ行ったり、こっちへ行ったりしないで教卓の前で発問するように心がけるのです。

遊びから逸脱した子ども、あるいは集中の持続が難しい子どもを、教卓に呼んで援助するという場合にも教卓は大変有効です。先生が側にいてあげないとやらない子も中にはいますから、泣いた子、やろうとしない子、あるいは投げ出そうとする子、そういう子どもたちがいた時に、その子のところに行って、「先生と一緒に遊ぼうか」とか、「先生と一緒にやってみようよ」と声がけをしてこの教卓のところに来てもらうのです。

先生が側にいることで、子どもは安心して遊べるのです。子どもを勇気づける場として教卓をぜひ活用してください。

導入時には子どもたちの机の上には何も置いていないこと。子どもが導入に参加する上で大事な要素になります。

机の上に何かあると気を取られてしまい、全員が話に集中することは難しくなります。

ノリ、ハサミ、お手拭き、カード入れ、ねんど箱のフタ、必要な用具はその都度取りに行くようにするのです。

あくまでも、子どもの自発活動を引き出すことを基本にします。

応答的言葉がけ

子どもに了解をとる言葉がけ、例えば「一緒に遊んでもらっていい」とか「これから始めるからいいかしら」とか、協力してもらうという感じでお話を始めます。「始めていいですか」、「読んでいいですか」とか子どもの了解をとる。一方的に勝手に始めずに、「お話していい?」「いいよ」といったように呼応する関係をつくっていくこと、応答的環境とも言います。

全員の気持ちを一つにする方法として、『S1あそび』では、「よろしくお願いします」というあいさつで始まって、「ありがとうございました」というあいさつで終わるようにしています。

年中、年長児は、この間の時間は50分を設定します。年少児は40~45分に設定します。この45〜50分間は教室から出て行かない、という仕組みをつくるのです。

最初のあいさつですが、起立してあいさつをする。ゴミを捨てに行くとか、動くことはすべて脳の活性化と深く結びついています。活動中に足を運ぶ、体を動かす、こういう要素がたくさん入るほど、子どもは集中します。立ってあいさつする、直立の姿勢をとるということは集中力と深くかかわるわけです。

次に勇気づけて進める。「みんないい姿勢ですね」「背もまっすぐに伸びていますね」と子どもの行動に肯定的に注目する。「こちらを向けたかな」「手はまっすぐに伸びているかな」という言い方はなるべく控えて「こちらを向いていますね」と言い切ってみるのです。

「みんないい姿勢ですね」というのは、幼児は自分をほめてもらっているように受け取るので、前向きになってくれるのです。「容認的言葉がけ」

とも言います。「いい姿勢ですね」「背筋がまっすぐ伸びていますね」「先生の方をみんな向いてくれましたね」という言い方、肯定的表現を心がけたいものです。

「いい姿勢かな」「まっすぐかな」「こちらを向いてくれるかな」というような疑問形を使わずに、まるごと受け入れる断定した言い方が子どもの心に届くのです。

教師の動きを全体に伝える

ちょっとしたことでも必ず全体に伝える、という癖をつける。黙ってやらない、黙って板書したものを消さない。「ちょっと消しますね」「ちょっと消していい？」と了解をとったり、自分の行動を全体に伝える。何気ない教師の一声が、子どもがしっかり教師を見ることにつながっていきます。「空白の禁止」

と言って無言の状態が三秒以上続くと、ざわつきが始まります。教師は自分の行動を全体に伝えるということを意図的にやってください。

導入過程・子どもたちを巻き込む

導入というのは、子どもたちを動機づける、興味づけていく、やる気を起こさせる一つのプロセスです。あらゆることが興味づけの対象になっていなければなりません。「おもしろいものを持ってきた」、こういう言葉も興味づけになります。「今日、先生はこんなものを持ってきた」と言って、ワクワクしながら教材を提示する。そうやって、子どもの期待感を刺激する。教師もワクワクしながら話しかける。

「おもしろいことが始まるんだよ」という感じで、子どもたちを巻き込むのです。これを演出力とも言います。

同時に心の解きほぐしをする、緊張感を解く。子どもたちの気持ちを目的に向かってまとめるわけですから、思いっきり心を解放してあげるのです。

そして最も大切なことは課題のねらいをつかんでもらう。今日はこういう遊び（知能因子の刺激と言います）をするのだという考え方や、遊び方の主題をイメージしてもらう。導入を通して目的を理解し、狙いをつかんでもらうわけです。さらに自立へ向けてのよりよき習慣化をはかる。協力しあう姿勢を作り出していく。意思表示する。手を挙げる。自分の考えを述べる。全員の前で発表する。発表者に全員で拍手をする。導入の場面を活用して、子どもたちの自発性を引き出しながら自律性を育むのです。理想的な導入の時間は7～8分、長くても10分以内に終わるようにします。

情緒のお返しをする

教師が黒板に教材を提示すると、子どもたちがいろいろと発言します。自由な発言を促すためには、一人ひとりの発言に教師が繰り返し答えてあげることです。「君たちの考え、先生は全部聞いてるよ」という姿勢で向き合うと、発言がどんどん出てきます。

子どもの発言を反復し、繰り返すのです。これを「情緒のお返し」と言います。カードを提示する。子どもが反応を返す。その反応にお返しをするのです。情緒のお返しの一つ目は「反復」。教材を提示（刺激）すると、それに対して子どもたちの反応が返ってくる。「赤」だとか「○」だとか、「1、2、3」だとか。

子どもの気づきをそのまま繰り返す。子どもが言ったままを繰り返すというのが大事なポイントになります。

二つ目の情緒のお返しは、ほほえむ、うなずく、あいづちを打つ。受容のお返し。

三つ目は感想のお返しです。「そんなところにも気がついたの」と感心してあげる。「なるほど」「よく気がついたね」「よく見てるね」。あるいは意外な着想をよろこんであげる。

四つ目が確認のお返し、「そう、その通り」と、強く支持する。「ＯＫ」「なるほど」「分かった」を入れていく。それが気づく力を育て、話す力を育てていきます。

導入教材を提示する

「おなじかずあつめ」という遊びの指導案に即して子どもたちとの対応をお

話します。提示するシートにドーナツ1個とソフトクリーム1個の絵が描いてあって、そのシートと種類も数も同じもの、即ち、ドーナツ1個とソフトクリーム1個が書いてあるカードを選んでもらうという導入教材です。まずドーナツだけを見せて、次にソフトクリームが登場と、徐々に見せていくやり方をとるわけです。いろいろと子どもの発言を聞いてあげると、子どもたちの発言がどんどん出てきます。

例えば、先生の話を子どもたちに聞いてほしい時、「しっかり聞きなさい」ではなく、にこやかにほほえみかけながら話をしてあげると、子どもたちは一所懸命聞いてくれます。それが話を聞いてもらうコツです。それと同じように、必ず子どもたちの反応に、レスポンスを与えてあげてください。

シートを提示する時に、「おもしろいものを持ってきました」とか、「おもしろい」という言葉を強調します。これは好奇心を刺激するための言葉です。「おもしろい」というだけでなく、「今日はこんなものを持ってきましたよ」、といった期待感を刺激する言葉を使ってみるのもいいです。「こんなものを」というところを、教材に何か秘密が隠されているような感じで強調します。

子どもの発言をそのまま受け止め繰り返す

「気がついたことがあったら、どんなことでもいいから教えてくださいね。」

「ハテナ？　が2つも書いてある」という子どもの発言や気づきに強い関心を示す、あるいは子どもの気づきによって初めて、教師が気づかされたという感じで対応していくのです。

「1個‼」、「1個なの！」、「ソフトクリームが1個」、「ハテナマークが2つ書いてあるの」。このように発言一つひとつに対して受け止めていく。それは正に驚き心、感動と言えます。

これが最初の動機づけの教師の受け止め方です。

発問とは対話すること

「これと同じ数のものは、これかな、それともこれかな?」と発問する。ねらいを伝える。

発問の第一の原則は、「言葉だけで伝えない」ということ。また言葉が長くなればなるほど理解できなくなる。子どもの心に届かなくなる。発問が長くなればなるほど混乱してしまう。発問は要点だけを短く、簡潔に言わなければならない。指導書に書いてある発問を教師が分解して整理しなければいけない。

ですから、発問の第一の原則は、「簡潔に」ということ。

二つ目の原則は、「これとどの形を合体させたらこれになるかな」、という風に発問は必ず人さし指をそえること、「何を」「どこに」、「いくつ」、「どのように」置くのか、これを人さし指で語るのです。

第三の原則「これと同じ形、この中にある?」このように子どもに問いかけ、対話しながらやります。

子どもに質問して言ってもらう、さらにたずねる、そして「どこに」と追い込む。このように説明文を分解するのです。

自分を押し出す

「やってくれる人」という言葉で子どもたちに挙手をしてもらいます。「分かる人」、「できる人」でなくて「やってくれる人」。教師が手を挙げます。

子どもたちが手を挙げてくれたら、「わあ、すばらしい、みんな手を挙げてくれました。ありがとう」と挙手してくれたことに感謝します。

とりあえずは自分を押し出してみる。自己を表現するということで、手を挙げるのは大事なことです。挙手をして意思表示する。同時に手を指先までまっすぐ伸ばしていくと、筋力緊張と言ってすごく集中が増します。集中することが身体運動（姿勢）とつながってくる。それとあわせて、ただ手を挙げるだけではなく、教師もまた自分の姿勢をただす。年少や年中の場合には、「先生み

たいにまっすぐ手を伸ばしていますね」ということを強調して、教師自らが手を挙げて、しっかりと伸ばした指先を見ながら「して見せる」と、子どもたちは教師の手と自分の手を見比べながら、まっすぐに手を挙げてくれます。

子どもが手を挙げていることに対して、賞賛し、「ありがとう」「みんなすばらしい。まっすぐ手を挙げていますね」「みんないい姿勢ですね」と全体を肯定することで、手を挙げてない子に挙げて

もらうようにします。

子どもとの信頼関係を築く

導入というのは、注意が散漫だったり、理解力が乏しかったり、そういう子どもたちのためにあるのです。そういう子どもたちを、みんなで勇気づけてあげるのです。

導入は集団思考の場とも言います。みんなで考えを出しあっていくのです。

発問は言葉に沿って、該当の絵の箇所にその都度人さし指を当てます。目に焼きつけるのです。言葉と目で理解してもらうのです。「これ」と「この形」

とか、人さし指で示して語るのです。

子どもの活動を捉えてその場で、「そこに置いてほしい」と言うと、活動内容が具体的に浮かび上がり、さらに印象が強くなります。子どもが置こうとした瞬間を捉えて、「そこだと見えなくなるから、同じ番号はどこかにありませんか」と、子どもに気づかせて子どもに選ばせるのです。「ここじゃなく、ここに置く」ということが発表者だけでなく、全員に明確になる。これを「ねらいをイメージ化する」と言います。その場でその時々に言葉をかけることによって発問を明確にするのです。

授業はアート

発言者の答えの取り上げ方ですが、「ピッタリの形になりましたか」と言います。「これでいいですか」とか「あっていますか」という言葉はなるべく避

けましょう。何がいいかということを具体的に強調します。いくつかの例をあげます。

「ピッタリの形になりましたか」「同じ形どおし、ピッタリに分けられましたか」「同じ色どおし、ピッタリに分けられましたか」「同じ色の順番になりましたか」このように「ねらいの発問」を繰り返します。

「さあ、どうかな、A君が置いてくれたカードは、種類も数もシートの絵とピッタリ同じものになったかな」

発表者の子どもを教師のところに呼んで、その子の肩を抱いてあげます。拍手で盛り上げますので、全員が拍手するようにうながします。教師は拍手する必要はありません。全員の拍手が鳴り止むまで発表者の子どもを席に帰さないようにすること、肩を抱いたままにすること、「みんなで拍手‼」と、要求するなど集団を盛り上げるための「演出」をするのです。

教師が要求したことを、子どもたちがみんなで応えてくれる。とするならば、これは教師とみんなとの間の信頼関係ができたと言えます。しかし教師が要求しても拍手がまばらだったり、拍手をしないとか、しらけた子が多いと、これは信頼関係がまだできていないとみます。

拍手する子が二〜三人しかいなかったら、「もう一度、拍手をお願いします」と要求してみるのです。
教師の指示が徹底しない時は、何度も協力をお願いするという方法をとってみます。「拍手していないのは誰？」「みんな拍手しなさい」と命令したり、皮肉を言ったりするのではなく、協力をお願いするという立場でいきます。何度でもお願いする。そして、「みんなで拍手してくれました

ね、ありがとう」という言葉で受け止めていきます。

このやりとりが新学期のクラスづくりだと思ってください。ですから答えが合っているとか違っているというのは二の次、三の次。今日はどんな考え方であそぶのかみんなで同じ目標に向かって、教師と子どもたちが心を通わせるような場面を、沢山つくっていくこと、それがクラスのまとまりになると考えましょう。

設定保育というのは、一つの目標に向かって、一緒になって取り組んでいく活動です。心をひとつにして、お互いが尊敬し合い、響き合う活動です。設定保育の長所を生かして「協力原理」に根ざしたクラスを作りたいものです。

柔軟な思考力を伸ばしていくことを目的にする教育であっても、与え方を間違えると、できる子、できない子、あるいは劣等感、優越感を育てることになりかねませんから、細心の注意をしていく必要があります。知育はやり方次第で毒にもなります。

教師は演出家

第一導入で考え方を子どもたちがつかみましたので、次は「では、次をお願いします」、あるいは「またお願いしていい？」とか言って、発表してもらいます。

言葉がけが第一導入と変化することによって、おもしろさ、興味づけがさらに深くなっていきます。テンポが変わる、リズムが変わる。変化のスキルを用いることによってやる気を高めていくのです。ワンパターンにならないように、子どものリズムに合わせながら、子どもの気持ちを引き出していく。教師という仕事はコーディネーター、指揮者、演出家と言ってもいいかもしれません。

授業は一つの芸術、アートだと思います。うまく園児と教師とのハーモニーがかもしだされていくと、一気にエネルギーになっていくし、一つの波になっていきます。

教師の話を静かに聞いているとか、挙手するとか当たり前だと思うことをほめる。そのことによって私たちは、自分自身が物事を肯定的に見ていく習慣をつけることになります。あるいは子どもの良さを引き出していくことが習慣化されていくのです。

子どもの強さを信頼する

教師の立つ位置は、発表者からなるべく離れるようにします。離れると言っても、基本的には子どもたちの左側の一番前の位置に立ちます。そして発表者を見、発表者に「ちゃんと見守っていますよ」というサインを送ります。発表者も「やれたよ、ど～お」とサインを送ってきます。それを受け止めると同時に、教師は今度はみんなの方を向いて、みんなの気持ちと発表者とをつなぐちょうどトライアングルのような三角形の頂点の位置に立つ、それが教師の立つ位置です。

みんなを巻き込みながら、発表者の活動に注目してもらいます。ここでの主人公は発表者ではありません。クラス全員なのです。発表者はみんなを代表しているということですから、ここにいて全体を見守りながらコーディネートしていく、つなげていくのが教師の役割です。

普段の教室の子どもと教師の関係を見ていますと、担任はこの子はできないという先入観で見てしまいがちです。子どもの強さをもっと信頼してみましょう。子どもは本当は能力があるのだと考えてください。導入というのは、一人ひとりに自信を持たせる、今日は誰を勇気づけるかという視点でやっていくのです。

黒板の前に立って一所懸命考えている子が、迷った末に答えのカードを選んだ時、「なるほどね」と言ってあげる。すごく自信を持ちますね。一人ひとりの子どもに対する対応の仕方を身につけていかなければなりません。教師は常にその子の何を育てていくかということを、しっかり見ておかなければいけません。一緒になってよろこんであげればいいのです。共感するということは、一緒になってよろこぶ、「よかった」という気持ちを伝え合うこと。よろこびを分かち合うということです。

自分の足を運ぶ、自ら動く

子どもたちが教材を教師のところや、あるいはロッカーなどに取りに行くことを自発活動と言います。自分で教材を取りに行く、ゴミを捨てに行く、ねんど箱のフタを取りに行く。あらゆることに自分の足を運ぶのです。

名前を呼ばれたら「はい」と返事する。椅子を机の中に入れて出て来る。もらったら教師に「ありがとう」と言います。

躾というのは身を美しくすると書きますが、身につけておくと、お互いが幸せになれる。それが躾の意味だと思います。躾というのは、同時に自分の気持ちをコントロールしていく、自己コントロールしていくためのトレーニングでもあるのです。

躾られることによってよろこびに向かう、即ち、子どもが快い気持ちに向かう中で、するべきことを教師はしっかりと要求していくのです。

教師は一人ひとりの目を見て、ほほえみかけながら園児に教材を渡す。「和顔愛語」。子どもたちとのラポートをとりながら渡すのです。

子育ての目標・自立と自律への援助

子育ての目標を「自立と自律への援助」と定義するといいと思います。

文字どおり自立とは自分で立ち向かっていくこと、あるいは自分自身で問題解決していく、自分の行動に責任をとることとです。

もう一つの自律は人とともに生きていく力、共存力と言ってもいいと思います。人と共に生きていくためには、自分自身をコントロールしていくことが必要になってきます。そのための援助、自立と自律への援助、それが私たちの仕事です。そして自分で気づいて自分で考え、自分で判断し、自分で行動できるようになるように、『SIあそび』という方法で、特に考える力を育てていこうとしているわけです。

「和顔愛語」。おだやかでにこやかに子どもたちに接していくこと、そしてやさしい言葉をかける。要するに快の言葉で満たしてあげる。基本的には言葉がけというのは、子どもたちの気持ちを受け止めてあげる。命令や指示、禁止や許可をしないで、子ども自身が自分で感じ自分で考え、自分で友達と協力し合い、分かち合う、そのように共に育ち合っていこうということです。

教師の行動の一貫性

私自身、試行錯誤しながら子どもたちとの保育を重ねていく中で、大きな指針となったのが兵庫教育大学教授・原田碩三先生の著書『園児の心を満たす快の保育と身体表現』（黎明書房）との出合いでした。

設定保育（課題活動）という枠の中で、その理念をどのように生かしていけばよいか、私なりの解釈を交えて述べていきます。

教師の行動の一貫性ということについて述べます。

前述したように保育は子どもの自立を助けていく仕事です。教育はすべて計画されたものですが、教師は無用の動きをしないように心がけたいものです。動きまわっていては一人ひとりを観察できない。子どもの前にいてしっかり観る。同時に子どもから送られてくるサインを確実にキャッチして対応する。動く時は必ず目的を持って動くということです。

次に一人の子どもにかかりきりにならないこと。

袋からカードを出す時に時間のかかる子や、なかなかさがせない子がいたりします。そういう時に、「先生、な～い」とか言った時、その子のところに駆け寄って、その子に代わって出してあげたら、どういう現象が起きるかと言うと、今度は別の子どもが、「ぼくのも先生、な～い」と言って来ます。そうすると、一人ひとりこちらが出かけて行って助けてあげなければなりません。泣き出したりする子もいます。

泣いたら出かけて行って手伝ってあげると、子どもは泣けば問題が解決するということを学ぶわけです。また一人の子に構いすぎて一人の子に対応している時は同時に、その子以外の子を放っていることになります。子どもが「カードがない」とか、「分かんない」と言って来た時は、手招きして先生のところに呼べばいいのです。教師の方から出かけて行くことは極力控えて、自分の問題は自分の足を運ばなければ解決つかない、ということを学んでもらいます。特に特定の子にかかわっている限り、集団はその間、全部放っておかれるということも忘れないでください。

また、集団に働きかけている時に個別の対応をしていきますと、クラスはなかなかまとまりません。新人教員が四月当初に苦労する問題の一つです。落ち着きのないクラスなども、行動の一貫性ということを身につけておけば解決がつきます。

つい口を出してしまうし、手伝ってあげたくなる。しかしそれは、あの子だからしょうがないという例外をつくってしまい、例外は限りなく広がっていきます。クラスの落ち着きのなさの原因は、例外をたくさんつくることです。一貫性というのは、こうと決めたら、そこのところをしっかりやっていけばいいのです。

次に強調したいことは、子どもを保育している時に、教師はなるべく背中を向けないこと、常に子どもたちと向かい合い対話しながら、観察しながら、進めていきたいものです。

命令語を提案的な言い方に

子どもにかける言葉がけについて述べていきます。命令語を提案的な言い方に、「～しなさい」と言わず、「～してみようか」という言い方を私は心がけています。「ノリで貼りなさい」と命令する代わりに、「ノリで貼ってみようか」「そろそろ終わりです」「やめ」と言わず、「そろそろ終わりにしていいかな」と提案あるいは了解をとります。

命令というのは、子どもに選択の余地がない。二者択一の言葉なのです。

「しますか、しませんか」「行くか、行かないか」「していいか、いけないか」。命令や指摘が多すぎると、自分自身で気づき考える力が育っていきません。

しかし、提案的な言い方は子どもに選択の自由がある。選ぶ主体は子どもになっている。その言葉がけが子どもにとっては快に響くわけです。「それじゃ～やってくれる?」こういう呼びかけ、それが「和顔愛語」だと思ってください。

だから、「先生のところに来なさい」と命令するのではなく、「先生と一緒に遊んでみようか」「先生と一緒にやってみない?」こういう言葉がけが愛語です。

指図をやめて容認する言葉がけに

「こっちを向きなさい」「手を伸ばしなさい」の代わりに、「みんな先生の方を向いてくれましたね」このように容認的、是認的、認証的な言い方にします。それは子どもが自分で気づくことにもなっていきます。日常の保育の中でたくさん使えると思います。

「おかたづけしなさい」という代わりに、「わあ、みんなおかたづけしてくれてますね」「いろいろ気づいてくれてありがとう、先生とっても助かります」と言うと、子どもたちは自分で気づくようになっていくのです。

「誰ちゃん、いいかげんにしなさい」「誰ちゃん、みんなやっているのにやってないのはあなただけよ」と叱責するよりも、全体に向かって「みんな、ありがとう」と言ってあげると、やらなかった子どもが次第にやり始めるようになるのです。これを「容認的言葉がけ」と言います。「あるがままの君でいい」というメッセージになりますので、子どもたちは自分をそのまま受け容れてくれているという安心感になるのです。その辺も体験の中でつかみとっていくしかありませんが、三年間ぐらい時間をかけて取り組んでみてください。

私自身、20年、30年と命令もし、叱りもし、どなりもし、文字通り試行錯誤しながらつかんできました。

子どもに手をあげてはいけないというのは、私は中学校の教育実習を種子島という南の僻地の学校でやりました。当時は大らかというか、あたたかな配慮というか、公立の学校でしたが、３ヶ月間教育実習をやらせてもらいました。ある時、中学一年生のA君という子がふざけていて、私は「いいかげんにしろ」と、A君を思いっきりつきとばしてしまったのです。その時の彼の顔が今でもありありと思い浮かんできます。一瞬、彼の表情が敵意に変わったし、私への信頼が180度変わったと思いました。その時から子どもに手をあげてはいけないと肝に銘じました。

幼児にかかわるようになった当初は、やはりなかなか思うようにいかないと、つい子どもに対して「こうしろ、ああしろ」と命令して、ことごとくうまくいかない。公開保育の時、まるっきり子どもが乗らなくて、ワイワイガヤガヤの保育だったりもしました。

私の話していることが絶対だなどとは思わないで、いろいろな試行錯誤を繰り返しながら、このやり方の方がいいかもしれない、と相対的に、私の提案という形で聞いてほしいと思います。

この提案的な言い方や容認的な言い方は、子どもに選択権があります。「みんな一所懸命に考えてるね」という容認的言葉は、こちらのよろこびを子どもに伝えるものでなければなりません。本気でほめなければいけません。

指図をしない、禁止をしない。「だめよ」という言葉を使わないで、かってに教室から出て行く子がいた時には、「終わってからにしてくれる?」と言ってみます。協力をお願いするのです。それはタテの関係ではなく、ヨコの関係ということです。ヨコの関係が「和顔愛語」なのです。

「頼むね」「悪いね」こういう感じで、にこやかにお願いすれば、子どもはきっと聞いてくれるはずです。お互いに尊敬しあう関係をつくっていけば、間違いなく教師を受け入れてくれるはずです。ですから思い切ってお願いしてください。お願いする時の言葉がけは、「何々してくれるとうれしい」「何々してくれると助かる」と言ってみます。あるいは「何々してほしい」と依頼する言い方をしてみるのもいいかと思います。

ダメなことは「ダメ」と言う

子どもの行為に「ダメなことはダメ」と言ってください。すべてを放任することが一番いけない。子どもとの対応で最もまずいのは放任することです。「自由で伸び伸び」というのは、すごく聞こえはいいけれども、基本的に自由で伸び伸びという場合、ほとんどは子どもの好き勝手になる場合が多いように思います。

非行少年は「誰も俺をかまってくれなかった」という言い方をよくします。ほったらかされることぐらい、つらいことはないのです。人間は好き勝手に生きていくことはできません。放任よりもまだ厳格の方がマシです。厳格とかスパルタとはつまるところ、体罰で動かしていくことです。それはある種の人生の方向づけをしていく上ではやむを得ない場合もありますが、こればかりでいくと子どもはどうしても受身になってしまいます。「自分でやろうと思ったことを最後までやり遂げた」よろこびを、子ども自身に味合わせていかなければなりません。

みなさんのお父さんやお母さん、その前のおじいさんやおばあさんは多くの場合、厳格さの中で育ってきました。だから多くの人々が昔の方がいい、昔に戻さなければ、この乱れ切った社会は回復できないなどと口にしますが、やはり戦後の民主主義の理念、一人ひとりの人権や人格を尊敬することが根本にならなければならないと思います。

すべからく中庸、バランス感覚です。それを身につけていくことだと思うのです。放任でもなく、厳格すぎるわけでもなく、ましてや幼児とのかかわり方というのは、協力をお願いするという方法を用いてみましょう。

許可を与える。これは「先生、していいですか?」「いけません」。あるいは「これが終わったらこれをしなさい」「これができないと次に進んではいけない」要するに、画一的な教師主導の方法です。画一的な教育の中からは子どもの豊かな個性は出てきません。個性というのは、一人ひとりが自分らしく生きていくことなのですが、それは同時に中庸というバランス感覚を、身につけることでもあるのです。

「プロの教師」を目指して

みなさんにはぜひ、プロの教師になってほしいと思います。新任教師のみなさんは今は免許証を持っているだけです。国や為政者の多くは幼稚園の先生など誰でもできると思っている。保育というのは、文句を言われないように、ただ子どもを預かっていればいいんだと、99％の人は思っているのではないでしょうか。幼児教育の重要性と言いながら、為政者は幼児教育の重要性などこれっぽっちも考えてないと正直思っています。

幼児教育が本当に人間の基礎工事ならば、教師の資質向上のために教師や保育士の待遇をもっと改善すべきですし、そのプロ性を磨くために研修制度をもっと充実させるべきです。

子どもが熱を出し風邪を引いた、私たちはすぐに医院にかけこみます。例えば不登校の子だって、これは心が風邪を引いたのと同じ症状なのです。幼稚園や学校に来ないことが何かいけないことのように考えてしまいがちです。ですから心を育てる教育というのは、もっと真剣に、専門的な知識や技能を持って向かい合わなければなりません。4年間みっちり鍛えて、そしてインターンで学ぶ、それぐらいのことをやらなければいけないと思います。もちろん、スウェーデンやデンマークのように学費は無料です。

子どもを観察する

プロの教師として第一に大事なことは、「観察する」ということです。一人ひとりをよく見ること、そして見守ることです。これをまず身につけてください。

子どもたちが遊んでいても、「あの子は遊んでいるな、あの子は遊んでいないな」「仲間に入っていないな」だけではなく、子どもたちはいつどこでどんな遊びをしているか、多面的にさまざまな角度から観察しなければなりません。特に副担任になった時には、綿密な観察記録をとってほしいのです。特定の子ども一人に焦点をあててもいいから、何分後に彼がやる気を失くしたかとか、今日はなぜ目の輝きが違うのかとか、あるいは何かを失くしてどうしたかとか、たくさんの観察項目が必要です。

どんな時に遊んでどんな遊びをしていたか、誰と遊んでいるのか、あるいはこちらが分からないことがあったら聞いてみる。聞いて分からなかったら触ってみる。そして調査や検証をする。これが観察です。

評価記録をとる

『ＳＩあそび』は評価記録をとります。評価記録というのは、子どもに点数をつけることではありません。教師が自分自身の保育の反省や改善に活用するために、記録として残すのです。それは私たちの仕事は、子どもたちの可能性を引き出すことに他ならないからです。評価記録というのは、別の言い方をすれば、「一人ひとりの可能性を引き出すための材料」と言ってもよいと思います。

例えば、ある子はどの課題でもほとんど5をとっている。ある子は圧倒的に1が多い。また同じ子どもが5をとったり1をとったりと波があり過ぎるなど、いろいろなケースやパターンがあるのです。5だった子が二学期はずっと1になっていたり、毎回の累積記録をつけていると、知能の領域ではこの子は「図形が強い」「記号が弱い」「行動が強い」とか、またはたらきでは「認知」「記憶」「拡散思考」「集中思考」「評価」がどういうプロフィールで表されるのか出てくるわけです。

その記録を基に、その子の長所や気になるところを客観的に捉えていく。ある時、ある保育園の主任保育士から、「知的能力は問題ないのだが、知能の働きの中で集中思考が極端に弱い子」の事例の分析を求められました。「この子は多分親にあまりかまってもらえていない」「母親はもっと密接にかかわってあげてほしい。このままではいつか問題が生じてしまうだろう」というコメントを書きました。

それから数年後、その子は中学二年になって、あろうことか卒園した保育園に火をつけました。ボヤで済んだのですが、たまたま私の書いたその子の評価記録を保育士が持って来て、「本当にその通りになりました」と言ってきました。

このように私たちは記録を取り、検証を加えていくことが必要なのです。そのためにも教師は、保育中でもメモ帳を携帯して、観察したことをその都度記述しておく習慣を身につけましょう。

また子どもが三日以上休んだら、担任だけの問題ではなく、園全体の問題として、全職員が情報を把握しておく必要があります。あるいは気になる子どもを、担任の課題としてだけではなく、全園的な課題として報告し合い、取り組まなければなりません。

聴く、ひたすら聴く

聴くということは、「相手の関心に関心を寄せる」こと。全身で聴くこと、全身で向かい合うことです。うなずく、ほほえむ、あいづちを打つ、その子の話に全身で関心を寄せてあげる、聴いてあげることです。

二番目に大事なことは、「一分間話したくなる誘惑に克つ」ことです。相手の言葉をさえぎってつい口をはさみたくなりますが、相手が話し終わるまで待つのです。

ある中学生が「部活をやめたい」と母親に言って来ます。そういう時、母親はすぐに「なぜやめるの？　まだ5月でしょう。始まったばかりじゃない。そんなことでどうするの。誰もそんな子いないでしょう」と言ってしまいがちです。子どもは「やめたい」と気持ちを口にしただけで、実際に「やめる」とは言ってません。

それなのに親は、「なぜやめるのか」と詰問し、根性論を持ち出したりします。そうした時には、「部活をやめたいのは、何かつらいことがあったのかな」と応じてあげればいいのです。「そういえば朝早いし、土日も休みなしだから大変だと思うわ」と言ってみる。ところが、「土日がないのは他のみんなも同じじゃないの」とつい説教してしまう。「土日がないのは本当に大変だね」と言ってあげると、子どもは、「先生も毎朝来るし、みんながんばっているからやっぱり行くかな」となるかもしれない。聴くという技術は、子どもの言葉を繰り返してみることから生まれるのです。

たいていの親は逆のことを言ってしまいます。母親が出かけて行こうとして、子どもが「ママ」と後を追いかけてくると、「すぐもどって来るから」とつい出まかせを言ってしまう。子どもが「さみしい」と言うと、「さみしくない、さみしくない。すぐに帰って来るわよ」と子どもの気持ちを否定してしまう。そうではなくて、その子の言葉を反復したり、気持ちを言葉にしてみるのです。

「サッカー負けた」「残念だったね」

「お母さん行っちゃった」「さみしいね」

「さみしいね」「悲しいね」「残念だね」「困ったね」「お腹すいたね」と言ってあげる。そうして気持ちを受け止めてあげる。あるいは子どもの語尾を繰り返してみること。それが聴くという技術です。

教えるのではなく引き出す

三番目に大事なのは、引き出し上手になることです。教育という言葉はエデュケーションを訳したものです。エデュケーションという英語には教育という意味はどこにもない。本来は「引き出す」という意味です。子どもたちに教えるのではなく、子どもの好奇心を「引き出す」。あるいは共感する、共に育ち合う、自分自身を育てること、自分が育つこと、という感じでやっていくと、「引き出す」ことに近づくかもしれません。

即ち演出すること、私たちの仕事は演出家なのです。

感謝する

四番目にあげたいのは、いつも感謝の気持ちを忘れないことです。人間の基礎教育の中に、宗教教育は必要だと思います。宗教教育の根幹にあるのは人間が人間を裁いてはいけない、人間を越えるものを信じて受け容れる、天に畏怖するということです。それが祈るということ。同時に感謝するということです。

自分のいのちは自分でつくりあげたものではありません。与えられたものなのです。常にそのことに感謝する。今ここに私がいるのは、私だけの力ではない。そのことに日々思いを新たにしていくこと、そのことが祈りだと思います。私たちはいつも子どもたちと交わり、生活を共にできることを、そして、生かされていることを感謝しなければなりません。

保育とはよろこびを与える仕事

子どもたちが夢中になると、あるいはひとつのことに熱中すると、いつの間にかおしゃべりが消えます。それは考える楽しさを子どもたちが本気で知っているからです。思いっきり今日は遊んだ、活動した、心を躍動させたというよろこび、それを保証してあげることです。何と言っても体を動かすこと、これが基本です。活動したというよろこびです。そして「考えた」、「工夫した」というよろこびです。

もう一つは成長したというよろこびです。

子どもの願望は常に未来への期待感にあふれています。背が高くなった。大きくなった。かけっこが速くなった。絵がうまく描けた。大人から見たら何でもないようなことをすごく自慢します。それも生きていくよろこびであり、成長していく手応えであり、自分に対する自信の積み重ねなのです。

確信を持って言えることは、『S1あそび』は集団だからやれるのです。みんなとやれた、みんなと取り組んだ、これは一人だけで与えられ、あるいは

親子の中だけで出てくる感動ではないのです。第一、一人だけでは集中が持続しません。また親子の間ではやらされる関係になります。おもしろいものであっても、親が批判したり、できばえを評価したりすれば、おもしろさは半減してしまうのです。

みんなと一緒にやれたよろこびが、最後のおかたづけになって表れてきます。

おかたづけが可能なのは、一人ひとりの気持ちが充実しているからです。自分で考えた、活動した、伸びた、みんなでやれたという充実感があれば、おかたづけは2～3分で終わります。それがないから命令や叱責の中で、おかたづけはやらされるものと子どもは受け止めて、やる子とやらない子が出てくるのです。

集団で遊ぶことの楽しさ

「生きたい」「知りたい」「仲間になりたい」、これが人間の本能です。私たちは幼稚園や保育園という場で、子どもたちの何を満たしてあげるかと言うと、園児はまず仲間と遊ぶこと、これが子どもの欲求です。集団欲と言います。みんなと一緒にということ、みんながいて、みんながやるからやるのです。次に子どもの好奇心を伸ばしていく、探索活動を広げ深めていく、探究心と言っていい。先生をあこがれの対象として、一所懸命まねをしようとします。模倣力、これを伸ばしてほしい。さらに子どもの持っている活動性、これを保証してあげることが園の仕事です。

集団で遊ぶことの楽しさ、あるいはおもしろいからトコトンやっていく好奇心、どこまでも探究、探索する活動、模倣力を保証してあげること、それが基本的に子どもが自分で判断し自分で立ち、自分で克服していく力になります。

欠点に目をつむり、長所を伸ばす

保育という仕事は子どもの長所に注目して、それを積極的に伸ばしていくこと、欠点に目をつむり長所を見つけていくことに尽きます。

それは同時に一人ひとりの心によろこびを与える仕事、それを「和顔愛語」でやっていくことでした。そのためには私たち自身が生きることを肯定し、よろこびを感じなければ、子どもたちによろこびを与えることはできません。生きることに我々大人が積極的でなければ、ただ「与えられた仕事をやっていきます」では、子どもの心を躍動させることはできません。

子どもが嬉々と課題に取り組み集中するために

これから展開過程について述べていきます。導入課程は集団思考の場でした。展開過程は一人ひとりが課題に向かい合っていく場面になります。課題に向かい合うということは、一人ひとりの心の中に精神的エネルギー、燃え立つ火種がないと持続性は保てません。火種に火をつけることが導入課程でしたが、展開過程はそれをより大きな炎にして、持続するようにしてあげなければなりません。火種がなかなかつきにくかったり、こわれたストーブみたいにすぐ消えてしまう場合もあります。そのためには情緒の安定が不可欠なのです。

園児一人ひとりの情緒の安定が根底にあって、快の雰囲気に包まれないと集中の持続はできないということになります。

あきる子、投げ出す子、やろうとしない子は、情緒の不安定さを抱えています。その場合、教師や保育士がその子の側にいてあげることによって、その子の心により添うことによって、安定を図るのです。それが各々の子どもを教卓に呼ぶという方法です。一緒にその子とかかわってあげる。手や口は出さないけれども、「こんな風にして遊んでみよう」とか声かけをして、教師のところに呼ぶことで、やり方を教えてあげる。全く場違いの箇所にカードを貼っている子がいたら、「ここにお願いね」と教えてあげる。他のカードを出している子がいたら「ごめんなさい、こちらのカードを出して欲しい」と協力をお願いする。

情緒の安定とは、母性で包み込んであげることなのです。母性とは文字通りやさしさであり、「和顔愛語」です。父性とは仕切ること、断ち切ること、「そういう人と付き合ってはいけない」「夜何時までに帰って来い」「そんなところをほっつき歩くな」これらは父性です。傷ついた子を包み込んであげることが母性です。

クラスの仕組みをつくる

子どもの集中が持続するためには、取り組んでいる課題に興味がわかなければ集中しません。そのことに集中できない子は、まだ興味がわかないのだ、興味があったら集中するはずだと捉えてください。

次に、クラスの仕組みがしっかりできているかどうか。あいさつに始まり、あいさつに終わるというその仕組みができているかどうかです。

三つ目、一人ひとりの子どもたちと信頼関係ができているかどうか。お願いの言葉にしても、信頼関係ができていなければ、残念ながら子どもは教師の言うことを聞いてくれません。信頼関係ができて初めてこの先生の言うことだから、聞こうという関係になります。

信頼関係をつくるためには、一人ひとりと触れ合わなければいけません。朝、子どもが登園して来た時が一番のチャンスです。積極的にこちらからあいさつをしましょう。こちらから握手をもとめましょう。こちらから会いたかったと表現しましょう。

子どもと一緒に遊ぶ。特に問題の子がいたら、その子の好きな遊びは何かを観察して、一緒に遊んであげる。おだんごづくりだったら、おだんごづくりを先生が一緒になってやってみる。そういうことでその子の心と近づく。すると信頼関係ができてきます。

目的が理解できないと子どもは集中しないので、いかに目的をつかまえさせるかということに全力投球していきます。

「～して見せる」「やってもらう」

教材を取りに来てもらう。すべて活動性です。

子どもが動くことによって、脳はリセットされていきます。導入が終わったら、提示した導入教材をはずします。教材をはずす時も、目的を喚起して黙ってやらない。常に教師は背中で語らなければいけない。背中で一人ひとりの子どもたちを見ていなければなりません。

「今日の遊びは同じ形を合体させる遊びだったよね」「同じ番号のところに貼るんだったよね」とひとり言を言いながら、実は全部背中でみんなに語りかけていくのです。

子どもたちが自分のカードをはずす時に、カードのどこを何枚はずすのか、教師は黒板に提示したカードを実際にはずしてみせます。口で伝えるのではなく、実際にやってみせることによって、子どもたちの目に焼きつけるのです。この時も機械的にやらない。ただやって見せるだけでは不十分で、子どもがはずしたくなるような演出を加え、やる気を引き出さなければならないのです。「エピソードをつくる」と言います。教師自身が「わあ」とか「おお」とか「はずれた」とか、はずす動作に合わせて声を発しながらはずします。

子どもは先生の一挙手一投足をしっかり見ていて、カードをはずすということだけで、「わあ、すごい!!」と言いますから、子どもの驚き心を刺激するのです。教師も驚き心ではずす。「ここをはずしなさい」「ここです」では単なる命令です。やはり子どもが一瞬はずしたくなるように演出をする。それが子どもの目線でという意味なのです。

年長の子どもの中には、必ず隣の子どもを見ながらやる子がいます。まねるという現象は年中児ぐらいから出てきます。けれども、年少児はほとんど隣を見ません。「まねぶ」、「まねる」、「まなぶ」。「まねる」という現象は非常に大事だし、素敵なことです。年長になって、一〜三月生まれでないにもかかわらず、常に隣の子を見ながらやっている子がいるとしたら、「できないといけない」と、失敗することを気にしている子どもだと捉えてください。

マイ・ペース型

作業を早く終えた子どもに対してはしぐさと目で、次の課題に取り組むように合図します。子どものサインをそのまま受け止めて、次に進んでよいことを知らせます。「先生ぼくできました」と言った時に、「できた人は2番に進みなさい」と言ったら、まだ、1番にしか置いてなかった子は、あせってしまいます。だから早い子を待たせ、遅い子をあせらせない、「マイペース型」の指導形態をとるのです。一人ひ

とりの違いに即応させたやり方をとっていく。課題のねらいや遊び方をつかんでもらうまでは一斉的なやり方でしたが、考え方や遊び方を各自がつかんだら、マイペース型。作業の早い子にはどんどん進んでもらう、遅い子はゆっくりでいい、という方法をとっていきます。

一人ひとりが自分のペースに合った速度でよいので、子どもは安心して自分の力をそのまま発揮できます。子どもから送られてくるサインを受け止めて、次の課題に進むことを知らせるのですが、どうしてもそのサインが子どもに届きそうになかったり、理解されない時にはその子を前に呼んで次の課題に進んでいいことを知らせます。これをやっておくと、そのグループの子は、早い子が次に進むのを見て、次はあれをやればいいんだな、と課題の見通しが持てるのです。

三歳児はいつも先生しか見てないから、一人ひとりにしっかり伝えていかなければなりません。

「ゆっくりやっていこうね。」

特に新学期は、この言葉を意識的に使ってください。最初の一人、二人、三人は目で合図して伝えます。一人ひとりのサインを受け止めて指示しますが、大勢の子が次々に進めるようになったら、全員に声かけをします。「いい考えが出ているよ」と全員をほめます。「いい考えが出ているよ」と全体を容認して、「その考え方でどんどん進めてみましょう」という言い方で指示します。

「できた人は」「終わった人は」といった言葉は、なるべく避けましょう。この言葉は子どもに、結果主義的な感じでひびくので子どもを圧迫します。「こういうものに挑戦してみよう」「こっちもやってみよう」という、提案的な言葉をかけるようにしたいものです。

考えを決める

評価記録をとるために、どうしてもシートにカードをノリづけすることを指示しなければなりません。原則的には、シートの一面にカードを置き終えた時、自分の判断で各自ノリを取りに行くことにします。

始まってすぐにノリを取りに行く子がいたら、その子には「ごめんね、あとにしてくれる」とか「置いてからにしようよ」とやさしく、しかしキッパリと指示します。ダメ言葉を使わずに、こうして欲しいという言い方をします。

ノリを貼る時の言葉がけは「考えが決まったら」「ピッタリになったと思ったら、ノリで貼ることにしようか」というような言い方にします。「全部できたら」というような結果主義的な表現はなるべく避けたいものです。

騒がしくなったり、子ども同士のおしゃべりがはずんいる時、「お口にチャック」とつい制約したくなるものです。子どもが遊びに向かっている時は、姿勢を正したり、発言を制限したりすることを極力避けたいものです。

『Sーあそび』「おひさまと3つのやま」（図形の体系を集中思考する）に取り組む年中児

競争させない、結果を問わないと年少児でも集中する

三歳児の「かたちえらび」という遊びですが、一人の子はピッタリの形を選んで置いていく活動をしていますし、隣の子はサイコロをつくっています。一人ひとりそれぞれが次々と課題をやっています。早くつくらなきゃとか、ここには競争心はありません。一人ひとりがそれぞれのやり方で、それぞれの課題に立ち向かっています。それがこの『SIあそび』の特徴です。

『SIあそび』は、制作的な工作がたくさんあります。完成させることが目的ではなく、問題解決に向かって試行錯誤する過程が重要なので、「こんなふうにすると、こんなのがつくれるよ」という見通しを与えていくだけで、極力教師が手を出したり口を出したりすることを控えます。先生が見本をつくって見せるのですが、子どもにはそれを見せるだけで、代わってつくってあげない。

「こんなふうになるんだけど、やってみる？」という形でつくる過程を子どもに楽しんでもらう。自分で完成させたよろこびを体験してもらうのです。手がかりを与えるだけで考えてもらう。分からなければ、もう一度先生のところに見に行けばいいのです。

隣の子に教えたがっている子もいます。完成してじっと待たされていれば、

当然隣の子を手伝いますから、この子には次の課題を与えなければなりません。自分のことを後回しにして教えたがっている時の言葉がけ、まず隣の子に教えていることには感謝して、「余計なことをするんじゃない」と叱らずに「ありがとう」を言います。それから「誰ちゃんは自分でやりたいんだって」とやんわりと断るのです。

もう一人の子はもう完成させて次に挑戦しています。このように次から次へと課題を与えていきます。

12個のいろいろな形や模様が描かれた台紙に、まわりの模様をよく見ながら同じ形のカードを選んで貼るという遊びです。「形がぴったりになった」と思ったら、各自ノリで貼って先生のところへ持って行くということが習慣化していますから、早い子には次の課題を与えます。

早い子はどんどん進んでいく。遅い子はゆっくりでいい。教師が競争することや、結果（できる、できない）に関心を持たなければ、みんな安心して自分の課題に取り組んでいけるのです。

年中児に「かたちの思いつき」という課題があります。三角形を4枚使って、何かおもしろいものをつくろう、という遊びです。「図形の体系を拡散思考する」と言います。年中児の最後の単元です。

本時は三角形ですが新奇性をもたせるために、4枚の正方形を使っています。「四角を4枚使って、何でもいいからつくってみようか」と言って、発表してもらったら、ある子が4枚の四角形を組み合わせて、大きな長方形をつくりま

した。

拡散思考の遊びの時の導入発表者の答えの取り上げ方ですが、まず何がつくれたかを発表者に聞く。発表者が的確に表現できない場合、「みんなで誰ちゃんの考えをあててみよう」と言ってみんなに聞きます。みんなは、「四角」とか「お家」とかめいめい言います。そこで「誰ちゃんの考えに拍手しましょう」と言って全員に拍手してもらうのです。

今までの導入とどこが違うかと言うと、「ピッタリになりましたか」「これでいいですか」とか言って、正答かどうか聞かないこと、いいとか悪いとか他者の評価をあおがないで、「面白い形がつくれましたね、拍手」と言います。

このように、発表者の考えをそのまま受け入れるのです。

「図形の拡散思考」をやる時には、年中は「かべかけつくり」などの遊びが出てきますが、その時には三人とか四人とか一緒に発表してもらいます。隣を見ながらやる子もいます。その時に「拡散思考」という遊びは、ルール、例えば4枚使うこととか、形同士をくっつけるとか、重ねてもいいとかいろいろあります。約束事を事前に話していると、かえってプレッシャーになってきますから、子どもの一人ひとりの活動に、その都度、教師が製作上のルールの言葉を入れていくと、ねらいが全員に具体的に伝わります。

隣の子をまねる子がいた時には、「まねしないで」と言わずに、「お友達と違う考えでつくってくれるとうれしいな」と依頼すると、素直に自分の考えを出してくれます。

教師が発表者に近づきすぎると、発表者は先生にだけにしか話さないから、小さな声でささやくことになる。離れたところから教師が耳に手をあてて全身で聞こうとすると、先生に向かって自分の話を聞いてほしいので、大きな声で発表するようになります。教師がどの位置に立って発表者を見守るかも何気ないことですが、大事なことになります。

4枚の形を使って形同士をくっつけるという場合にルールを守らせようという方が先に立ってしまうと、ついつい指示や命令が多くなりがちです。

まず「いい考えだ」「なるほど」「4枚使ってるね」、このように容認的、認証的言葉がけをしてあげると、子どもは自信をもって取り組むことができます。つくっていることを喜んであげるのです。

4枚でつくることを理解し、つくりあげたら、各人の意志でノリを取りに行きます。子どもが集中したら、こちらも黙って見守るだけでいいのです。余計な言葉はいりません。

名指しでほめない、叱らない

同じ机に座っている4人の園児が誰一人として隣の子を見てまねしていない。それぞれが自分自身の活動に集中し没頭しています。しかし競争させたり、結果を要求すると単なるモノまねになってしまうのです。自分の頭で考えるという活動になりません。ここで気をつけてほしいことは、名指しでほめない、名指しで叱らないということです。

また「がんばりなさい」という言葉は命令形で勇気づけにはなりません。「一所懸命だね」「がんばってるね」は勇気づけになるけれども、「がんばりなさい」は命令形になります。

シートが完成したら裏面にいきます。裏面の遊びはちょっと遊び方が変わるのですが、何をつくったか作品を持って来た子に聞いてみます。そして同時に裏がえしにして次の遊びを指示していきます。これを各々のペースで進んでいくので、「個別化」と言います。三角形に線を書き足して、何かおもしろい形をつくるという遊びになっていきます。

導入過程・事例いろいろ

前に出てきて困惑している時とか間違えた時に、どう対応するかと言うと、違うカードを置いた時も同じですが、みんなに「ピッタリになりましたか」と聞いてみます。みんなは「違う」と言いますから、「お友達の考えを聞いてみる?」と言って、教師のところに来てもらいます。

「誰かお手伝いしてくれる人」という言い方で、みんなに挙手をもとめます。そうやって応援してくれる子が、正答を出した時に「ピッタリになった?」と全員に問い、「ピッタリ」という全員の発言を待って最初の発表者と二人目の発表者を呼んで、「二人に拍手」とやります。二人で解決できなくて三人の場合もあります。これで発表しても間違えていい、前に出て来ておじけない子を育てていくわけです。間違えてもちっともかまわないのです。ここで拍手で盛り上げていきます。

発展教材

早く終わった子をどうするか。次から次へ課題を与えて取り組んでもらいます。これを「発展教材」と言います。終わる時は一斉に終わります。早く終わった子が後片づけをするとか、外へ出て行くとかしますと、みんな競争意識が先に立って、集中しなくなります。だから終わる時は一斉に終わるのです。予定の終了時間前に終わった子には発展教材をさらに与えなければなりません。「発展教材」というのは、早い子のためのものです。あらかじめプリントにして同じような課題をつくっておきます。担任だけではなく各学年で共有していくと、毎年使えますから園全体として取り組んでください。

さらに、発展教材も終える子がいます。その子には、今ある教材をもっと複雑にして、ハサミ、ノリを使って形を再構成する作業に取り組んでもらう。終了の時間になるまで、目一杯取り組んでもらうわけです。「終わった人はおかたづけしなさい」ではなく、思考活動に徹頭徹尾追い込んでいかなければなりません。

また年長児は、自由画帳を持って来て、同じ問題を子ども自身につくってもらう。それからクレヨンを持って来て、ぬり絵の要領で形の上に色をぬってもかまわない。自分で採点してもらう場合もあります。自分で花丸をつける。もう一度自分で点検するのです。

課題を終える時

最初のあいさつが始まってから、45分目ぐらいに声をかけてみましょう。「残念だけど時間になりました。そろそろ終わりにしていいですか?」。そう言って心の準備をしてもらいます。時間になったら、子どもたちの教材を教師のところに持って来てもらいます。

「そろそろ終わりにしていいですか」と問いかけると、「まだ」という言葉が必ず出てきますが、「残念だけど終わろうね」と言います。やりたい子がいた時には「ではあと1分おまけしようかな」と言ってあげますと、必死になって取り組みます。

次に、「机の上にあるものを全部先生のところに持って来てもらっていいですか」と言って教卓に子どもが取り組んだシートやボードを集めます。

ノリ、ねんど、箱のフタと袋は各自、元にもどします。それが終わったら「教室をきれいにしましょう」と言っておかたづけをするように全員に告げます。

「床の上のカード」とか「机の下のゴミを一人3個拾おう」とか、具体的に指示しますと全員が取り組んでくれます。

タイマーなどを利用して、何分で終わろうと告げるのも効果的です。おかたづけに関しては、みんなで協力してもらう。そのためにみんなの気持ちを一つにする。追い込む。「もっと急ごう」とやってもいいのですが、命令にならないように気をつけたいものです。協力しあうことを頼んでいるわけですから、「わあ、どんどんきれいになっていますね」と、状況を肯定的に表現してみんなに協力をお願いするのです。

ゴミを持って来てくれたら、「ありがとう」「ありがとう」「ありがとう」を一人ずつに言います。

2分でかたづけが終わるはずですから、最後に「きれいになりました。おかげさまで」とみんなに感謝します。そして「ありがとうございました」で終わります。

3

子育てを楽しむ

——母親に伝えたいこと——

1.「あまえる」ことと「あまやかすこと」の違い

自立とは二人で一人になること

世の中を震撼させる事件や、子どもをめぐる悲惨な事件が起きる度に、テレビをはじめとするマスコミは、親が過保護だったとか親があまやかし過ぎたからだと、判で押したように批判します。子どもが学校に行かなくなる不登校などの場合も、父親は母親を「おまえがあまやかし過ぎたからだ」と、なじったり母親も自分を責めたりします。「過保護」とは文字通り、必要以上に子どもを保護し過ぎてしまうことですが、子どもが保護を求めている時には、保護してあげなければなりません。

生まれた直後の赤ちゃんの大脳の重さは３７０g位、それが半年で７２０gになり1歳で１kgになります。大脳が１kgになった時に言葉をしゃべれるようになり、歩くことができるようになります。

牧場の子馬は生後24時間で母馬の後追いをしますが、人間の赤ちゃんが生まれてくるためには、10ヶ月間胎内にいなければなりません。しかし、そうなると脳が大きくなり過ぎて産道を通らなくなります。そこで人間は胎児の状態で生まれてくるのです。

ポルトマンはこれを人間は「動物的早産」と表現しています。自分では何もできない無力の状態で生まれて来る訳ですから、これは全て親が保護してあげなければなりません。文字通り全身全霊全てを親に依存せざるを得ません。

イギリスの小児科医ウィニコットは自立することを（母親に依存することで自立していくのですから）「二人で一人になること」と言っています。自分に代わって自分の問題を解決してくれる人、即ち完全依存できる人がいるという安心感が、自分への信頼感、自分を大事にしてくれる人がいるという実感を通して自己肯定感が育っていきます。

そしてそれは同時に他者への信頼感を育ててくれます。人間は自分を大事にしてくれる人とどれだけめぐり合ったかが、その人の人生の豊かさをつくると言われますが、その通りだと思います。完全依存の時代（0歳〜1・5歳）は超過保護でいいのです。

泣くことは、言葉を持たない赤ちゃんにはそれが言葉であり、要求表現と言ってよいのです。泣く（呼びかけ）ことに対して母親がかけ寄る。「私が呼ぶとあの人が必ずかけつけてくれる。そして素敵なことが起きる」。それが母子関係の出発です。自分のはたらきかけによって相手を変化させることを「効力感」と言いますが、人格形成にとって効力感は大事なことになります。

赤ちゃんの要求にはできるだけていねいに応えてあげること、そこに愛着関係が密接になって、ヒトは人間になるのです。「抱き癖をつけてよい」のです。言葉の発達に遅れが見える子や集団になかなか入って行けない子どもの中に、赤ちゃん時代は育てやすかった、手がかからなかった、（逆に手がかかり過ぎたという場合もありますが）という事例が多いのは、この応答性の不足から、即ちことばのやりとりの不足から来る場合が多いと思われます。

「人見知り」は最初のあまえ

赤ちゃんは歩行が可能になると自分の世界が一遍に広がりを見せます。未知の世界に飛び出して行きたいし、好奇心というアンテナを思う存分広げてあれやこれや試してみたくなります。人への関心も同様です。見知らぬ人が近寄ってくる。自分を抱こうとする。誰だろう、自分に危害を加える人（モノ）かもしれない。そこで自分をいつも守ってくれている人の顔を見、その人により添い抱いてもらう（依存）ことで自分の不安感を取り除こうとするのです。それが8ヶ月位から始まる「人見知り」という現象です。

日本の最も優れた精神科医故土居健郎博士は、著書『甘えの構造』の中で、「人見知り」は人間の最初の「あまえ」だと述べています。そして、その「あまえ」は人間が生きて行く上で絶対に必要なものだと言います。そういう意味で「あまえる」とは自分の不安を和らげるための根源的欲求と言えます。

欲求というのは自分の心の中からわき起こってくる無意識的な心の動きです。

「人心地《ひとごこち》」（安心感）がつくための必要な心の機制と言ってもよいと思います。夕方という時間は子どもにとって、とても心もとなく不安な時間です。「たそがれ」＝「誰そかれ」不安定で、自分の存在さえもが消えてしまいそうな不安感に襲われます。

だから子どもはお母さんに触れたがるし、「だっこ」をせがむのです。だっこされることやお母さんの体に触れることで「人心地」がつくのです。あまえることは母子の関係をより密接にしていくことにも貢献します。

また、人間は大人でも子どもでもストレスをかかえると、他者を攻撃することでそれを解消しようとします。夫婦ゲンカでも、乏しい給料なのに夫が高価なものを買い求めたり、酔っ払って帰宅したりしますと、つい夫をなじります。口の攻撃だけでなく、手も出るかもしれません。不公平だと感じて相手を許せないのです。母親も仕事に疲れ、家事に疲れ、子どもの話を聞いてあげる余裕がないと、子どもに命令や指図ばかりして、思うようにならないとたたいたり、せっかんしてしまうのです。

そしてそうされた子どもも、園で自分より弱い子にその不満のはけ口を求めて、他人にチョッカイを出したり、かみついたり、たたいたりしてしまうのです。そしてそういう子どもに限って先生や保育士に執拗にだっこをせがんだり、あまえてくるのです。そういう点であまえるというのは、ストレスを発散し解消する上でやむにやまれぬ欲求なのです。

我々大人だって、上司の悪口を言いながら居酒屋で同僚同士酒を酌み交わしたり、親友にメールを打ったり、電話したりしてグチをこぼします。これもあまえです。そういう意味で「あまえる」ことは、子どもにとってごく自然な内面から湧き起こる欲求であり、その欲求を受け止めてもらうことによって、自分を乗り越えていく精神的エネルギーになっていくのです。

あまえることを知らない子どもはあぶない

「あまえること」は自分が成長していくためのとても大切で、不可欠な手段なのです。従ってあまえてこない子ども、あまえることを知らない子どもの方が、かえってあぶないということになります。1997年に幼児連続殺傷事件を起こし、さらに小学生の男児を殺害して、中学校の校門に切断した首を置いた神戸市の「サカキバラ」少年は、三人兄弟の長男で、1歳半で弟が生まれ、3歳の時に次の弟が生まれています。

ハーバード大学のバートン・ホワイトは、3歳までは母子一体感の時期でそれがたっぷり満たされると、自分が独占していた母親を次子にゆずることができると述べていますが、そのことに加えて、「サカキバラ少年」は、「幼稚園に行ったら恥をかかないように」という母親のしつけ観で、徹底的に体罰で育てられています。

本来やさしく包まれるはずの母親のイメージが彼の心の中には定着しないままに育っていきます。7年間の少年院生活を経て、今社会のどこかで彼は暮らしていますが、出院直前まで母親との面会を拒んだと言われています。あまえることを知らないままに育ってしまった少年の特異な事件だと思います。

10歳頃までは思いきり「あまえさせてよい」と思うのです。手をつなぐ、触れる、添い寝する、抱く、おんぶする、子どもが求めてきたら、相手をしてあげる。これらの行為をこまめに重ねてほしいのです。

「あまえ」が足りず、がまんしている事例としては、指しゃぶり、つめかみ、チック、おねしょ、夜驚、ボーっとしている、寝ころぶ、机にうつぶせになるなど、「逃避型」の行動が出てきます。また、たたく、かみつく、アレル、キレル、きょうだいゲンカが絶えない、怒りっぽい、かんしゃくを起こす、落ち着きがないなどの「攻撃型」の行動も目立つようになります。こうした行動には極力叱ることをやめて、ほめる（「ありがとう」「うれしい」などの言葉をかける）触れる（お風呂で一緒に遊ぶ、添い寝）、微笑むなどの対応が効果的です。

あまやかすこととは大人の都合でしつけること

さて「あまやかす」ことについてですが、あまやかすこととは、「子どもがとるべき責任を親がとってしまうこと」と定義しておきたいと思います。あるいは「大人の都合を押しつけること」と言ってもよいかもしれません。頼まれもしないのに手や口を出す。あれやこれや命令する。指図する。子どもの側に立ってではなく、親が子どもを支配してしまう。即ち「過干渉」的行為が「あまやかす」ことなのです。もちろん子どもの言いなりになってしまう「過許可」も「あまやかし」の典型です。

子どもには「あまえる」権利がありますが、大人には「断わる」権利があります。どうしても手が離せない時や、手がふさがっていてすぐに対応できない時は「ごめんね、ちょっと待っていてね」と言って断わり、がまんできたら、すかさず「ありがとう」という言葉で協力してくれたことに感謝します。

ダダをこねて仕末に終えない時は、思い切り強く抱きしめて「〇〇ちゃん大好き」と言ってあげる方が、クドクドと説教したり、叱りつけるより、はるかに手っ取り早く「収束」に向かいます。

かんしゃくが延々と長引いたり、ひんぱんにその症状が出てくる時は、子どもは「かんしゃく」に注目してもらうことで事態の解決をはかろうとしているのだと捉えて、「不適切な行動を無視して適切な行動に着目する」勇気づけの技法を用いて、日常生活の中で「あたりまえ」だと思うことにその都度「ありがとう」「うれしい」のメッセージを伝えるようにすると不適切な行動が減っていきます。

2. たくさん失敗してもらうこと

たくさんまちがえることが考える力になる

知能という器を育む、即ち考える力を育てる教育は、玉川大学教授故伏見猛弥先生によって始められました。先生は「能力の高い子」の特徴として「注意の集中力に優れていること」を上げています。この「注意の集中力」こそは学力の最も大きな要素だとして、その力は何歳頃から、どういう方法でつくのかを、長年研究しておられました。

偶然ご子息の直哉君が2歳の時におもちゃで遊んでいる時にその遊びぶりが時間を忘れてのめり込むというか、没頭する姿に驚きます。延々と30分も40分もいや1時間も続くその遊びぶりに、「この熱中していることこそが『注意の集中力』では」と考えます。そこで熱中することをとことんやらせてみよう。「何の遊びに熱中しているのだろう。」「乗り物のおもちゃが大好きらしい。」だとしたら「乗り物のおもちゃを与えてみよう」ということで、乗り物のおもちゃだけにしぼってみます。これを「興味の焦点化」と言います。

絵本も乗り物、毎日のように踏み切りで往き交う電車を飽くことなく見続ける。見るもの聞くものさわるもの、手にするもの全て乗り物。こういう「実験」を続けていくうちに、彼は絵を描くことに興味を持ち始めます。描こうとするものはもちろん乗り物です。電車を描くためには二本の平行線を描かなければなりません。屋根と床、レールもそうです。平行線という概念は小学校1年生位で獲得されるものです。2歳児には到底「描けるはずがない」のです。

ところが直哉君は、描いては捨て描いては捨てして、とうとう2ヶ月かかって電車の絵を描きます。その一心不乱な姿に深く感動したと伏見先生は述べています。２ヶ月間も何度も描き直し続ける必死の努力、とことん目的に向かって追求していく姿、２歳児が描きたい対象に我を忘れてのめり込んでいく姿に圧倒されます。誰から指図された訳でもない、自らの意志で自分が納得いくまでやりとげようとする意志の力に感動するのです。

今度は走っている電車を描いてみたいという思いがこみあげて来て、それを描くことに挑戦します。そして、３歳７ヶ月の時に前方から走って来る電車を見事に表現するのです。遠近法で、前方を大きく、後方を小さく、電車の運転席の窓には運転手の顔も描かれています。遠近法という概念は、普通小学校５年生位で習得される技法ですから、「３歳児が遠近法を描けるはずがない」のです。その常識をくつがえしたのです。

ひとつのことに没頭することは、文字通り「考える」ことであって、発達しつつある神経回路の配線をより豊かで強固なものにしていくばかりか、何よりもひとつのことに課題追求していく集中力、ねばり強さ、我慢強さ、忍耐力、自己抑制力を育てていくのです。幼児の活動を捉える時、結果（できたできない）ではなく、対象にどう取り組み、格闘し、葛藤し、それを乗り越えようとしているか、という過程にこそ意味があるというのはその点なのです。

近年の大脳生理学の知見によれば、自己報酬神経群（自分に対するごほうびによって機能する神経細胞群）のはたらきを重要視しています。「ごほうびとは自分でやろうと考えたことを最後まで成し遂げること」（『こどもの才能は3歳、7歳、10歳で決まる！』（林成之・幻冬舎新書）であり、「自分からやってやろうと思うこと、自立性、主体性を持った時に脳の思考や記憶力を高める」と言われます。

伏見先生の我が子に対する「実験」は60年前にこのことを予見していたことになります。何度も何度もやり直してみる。まさに失敗（間違えること）を繰り返すことが、やがて「発見」（自ら気づくこと）へ導くことであり、物事を成し遂げていく原動力なのです。子どもの行動を結果だけで捉えてしまうことが子どもの学ぼうとする力を奪ってしまうことになることを肝に命じたいものです。

「がまん強い子」は勉強ができるようになる

また、最近の研究によると4〜5歳児の頃、自己抑制力の強い子や集中力のある子は、5〜6年生時に学習能力が高いとも言われています。知識も技術も未熟な子どもにとって失敗する（間違える）ことは当然のことであり、子どもも自らが、自分の意志でやろうとすることを、大いに奨励し援助しなければなりません。

私が保育中に、「間違えていいよ」「自分でいいと思ったらいいんだよ」という言葉を意図的に用いるのは、失敗を恐れて挑戦しようとしない子どもへの応援歌なのです。まずはやってみること、何事もやってみなければ始まらないのです。初めて我が子が歩き始めた時のことを思い出してみてください。「アンヨはジョウズ、ココマデオイデ」と子どもの一歩一歩の歩みに感動しながら、共感しながら、子どもに寄り添って見守っていたではないですか。「その歩き方ではダメ、こうしないといけない」と怒鳴ったり、子どもを責めたりした親など一人もいなかったはずです。

ボタンをはめる、服を着る、靴下をはく、靴をはく、どの行動も初めて歩き始めた時の見守りと感動を持って見てあげれば、子どもが自らやろうとする意志の発露は神々しくさえあります。園バスがそこまで来てる、遅刻する。時間に追われ、時間に支配されている大人たちは、子どもが自らの意志で成長し伸びていこうとする芽を実にあっさりとつんでしまうのです。大抵の場合、結局親が手や口を出し、ボタンをかけ、靴下をはかせ、靴をはかせてしまうのです。そしてそれを行動のパターンとして身につけてしまった子どもは、少しつまずくと「やってー」となり、ダダをこね、できないことや失敗したことを親のせいにしてしまうのです。

牛乳パックからコップに牛乳を必要な分だけ注ぐ。最初は親が教え、手を貸してあげてうまく注げた時に一緒に喜んであげる。そのうち自分で注げるようになる。国語や算数も、ヨチヨチ国語やヨチヨチ算数を認め、一つひとつ自分の力で解けたよろこびを共によろこんであげれば、子どもは「学び」をよろこびとして捉えることができるかもしれません。

失敗した時こそ勇気づける

最近はほとんどの幼児が文字を読むどころか書けるようになりました。毎日母親が本を読んであげれば、必然的に子どもは文字に興味や関心を示し、「これなんて読むの」と聞いてきます。その時に、碎啄同時で教えてあげれば子どもの「知りたい」という本能が根底にありますから、子どもの心にグイグイ入っていきます。そうするといつの間にか文字を書くことに興味が移ってきます。

文字を書くことは正確に文字を写しとることであり、手の握力とも深くかかわってくる作業であり、食事の時のおはしを使えることと深く結びつく作業でもあります。文字を写し取る過程で当然多くの「筆順どおり書けない」間違いが生じてきます。これを筆順が「間違っている」と強制的に叱ったり、いつも注意を促されると、文字を書くことそのことに興味を示さなくなります。字を乱雑に書く子どもはこうした背景がきっとあると思います。

まずは字を読みたい、次に字を書きたいという意欲をしっかりと引き出してあげて、筆順は二の次三の次にして、文字を写し取れたよろこびを共によろこんであげれば、やがて筆順のまちがいに自分で気づくようになっていきます。失敗をたくさんさせてほしいと申し上げるのは、「まちがえてもいいからまずやってみよう」という意欲を優先してみようということなのです。「〜しなさい」「宿題はすませたの」「〜してはいけません」という強制や命令の言葉ばかりで育つと、やがて子どもはそうした言葉に反発するようになり、反抗するようになり、拒否するようになります。

また逆に言われないと動かない子どもになっていきます。失敗が許されるということは、自分が信頼されているということです。そして自分が信頼されていると感じた人間は好奇心のアンテナをどんどん広げていくことができるのです。子どもは知識も技術も未熟ですから、失敗するのは当然と考えて、温かく見守りたいものです。

牛乳パックから自分のコップにミルクを注ごうとする時、コップからあふれ出てしまったり、ミルクがコップに届かずにテーブルにこぼれたりします。そういう時はパックに手を添えて支えてあげて、注ぎ方を順を追って教えてあげればいいのです。そして自分で注ごうとした意欲をほめてあげて、なんとか注げたことには何十倍も喜んであげるのです。「まだ小さいから無理だ」と、初めから禁止してしまったり、ささいなことをとがめてしまいますと、「自分で何かをしようとしてはいけないのだ」というメッセージを、自分自身に無意識に植えつけてしまうことになるかもしれません。

3. 発達とは自分と他者との関係性を広げること
──幼児期に育つ人間関係の技術──

「損な性格」「得な性格」

「ニート」という単語をパソコンで検索しますと、「自ら学ぼうとしない、あるいは働こうしない青年」とあります。「引きこもり」を同じく検索しますとほぼ同様の表現がされています。そして今日その数は統計上70万とも90万とも100万とも言われます。小中学校の不登校や高校の中退者がそのまま引きこもってしまう例も多いと言われます。今の競争社会が生み出した病理という指摘はその通りだと思いますが、引きこもってしまう人をまるで人生の落伍者や敗残者のように扱うのは、まちがっていると思います。

不登校の子どもにしても「本当は学校に行きたくてしょうがないのに行けない」、ニートにしても「職場でみんなと一緒に仕事をしたいのだけど、それがかなわない」という面で見ていくと、究極は人間関係をうまく切り結べないところからくる、ということになります。

例えばエリック・バーンの編み出した、エゴグラムのテスト項目には次のような項目があります。

〈AC〉

（1）あなたは遠慮がちで、消極的なほうですか

（2）思ったことを言えず、あとから後悔することがよくありますか
（3）無理をしてでも、他人からよく思われようと努めていますか
（4）あなたは劣等感がつよいほうですか
（5）あまりイイ子でいるため、いつか爆発するかもしれないと思いますか
（6）他人の顔色をみて、行動するようなところがありますか
（7）本当の自分の考えより、親や人の言うことに影響されやすいほうですか
（8）人からどう評価されるか、とても気にするほうですか
（9）イヤなことをイヤと言わずに、抑えてしまうことが多いほうですか
（10）内心では不満だが、表面では満足しているように振る舞いますか

私はこのテストを子育て相談の折に母親たちにやってもらいますが、この項目の全部に○（はい）がついたり、高得点の方がおられます。逆に1個か2個しか○がつかない方もおられます。

では、次の項目はいかがでしょうか。

〈ＦＣ〉
（1）うれしいときや悲しいときに、顔や動作にすぐ表しますか
（2）あなたは人の前で歌をうたうのが好きですか
（3）言いたいことを遠慮なく言うことができますか
（4）子どもがふざけたり、はしゃいだりするのを放っておけますか
（5）もともと、わがままな面が強いほうですか
（6）あなたは好奇心が強いほうですか
（7）子どもと一緒に、はめをはずして遊ぶことができますか
（8）マンガの本や週刊誌を読んで楽しめますか
（9）「わあ」「すごい」「かっこいい！」などの感嘆詞をよく使いますか
（10）遊びの雰囲気にらくにとけこめますか
〈ＡＣ〉の項目に○が多かった人は逆に今の項目の○が少なかったり、低得点だったりします。

〈ＡＣ〉の項目が高得点だった人を私は「損な性格」、〈ＦＣ〉の項目が高得

点だった人を「得な性格」といった言い方をします。人間の性格に「良い性格」とか「悪い性格」なんてありません。十人十色、人には各々に個性というか持ち味があります。生まれつき持って生まれた性格と言いますか、両親の気質を受け継ぐ部分もありますが、往々にして生後の環境によって形成されていく部分もあると思います。フロイトは生後3年間あたりまでを重要視します。

アドラーは人間の性格は10歳位までにつくられる、という言い方をしています。ちなみにアドラーは性格を「その時々の状況に応じてセットされる心の構え」と定義しています。実際に〈AC〉の高い人は、長所としては従順で、おとなしく、おだやかで、誠実で真面目、がまん強い、努力家、という形容詞で表されます。短所としては周囲の人に合わせようとするので、必要以上に周囲にへつらう、ノーと言えない、引っ込み思案、遠慮しがち、自分を押さえ込んでいる分、ストレスをためやすい、地味、劣等感が強いなどが上げられます。

人間関係の出発は母子の絆

先述した土居健郎博士は、幼児にとって「あまえることは重要なことだが、それが十分に受け容れられないと大人になってから、

①すねる、ひがむ、ひねくれる

②ふてくされる、やけくそになる、かみつく

③対人恐怖（赤面恐怖、視線恐怖、醜貌《しゅうぼう》恐怖、体臭恐怖など発達の初期に母親とよい関係を持つことができない場合には、その人間は人見知りの学習をなかなか卒業できず、いつまでも人見知りをする、対人恐怖をするようになると考えられる）

④気がすまない（それをしないと気がすまない、いわゆる強迫的行為、強迫神経症）

⑤同性愛的感情

⑥悔やむ（くやしく思うことを悔やむ。悔いを残したことを悔いる、ウツ病）

⑦被害者意識、被害妄想
⑧自分がない（自分と他人の区別がつかない、統合失調症）

などの行動が起こりやすいと述べています。私たちは「生まれつきの性格だから」とか「個性だから」「そのうちなんとかなるだろう」と言って、あえて子どもの気になる行動にフタをしてしまいがちですが、自分をありのままに表現できない行動の要因に、私はどうしても母子の安定した関係が、人間関係の出発点だと強調しておきたいのです。

０歳から１歳半までの間に築かれる、母子の基本的信頼関係をエリクソンは、人生の出発の最初の「発達課題」としました。母親に我が身と心を全て丸投げし、託すことで、他者を肯定的に受け容れ信頼することができる。「人見知り」に乳児が見せるあの不安感が人間が他人とかかわろうとする出発点ではないか。その不安感をしっかりと包み込み和らげ、自らのエネルギーに変えてくれる力こそが母子の濃密な関係性（愛着行動）ではないかということです。

見知らぬ人が来た、「どうしよう、お母さん助けて‼」という気持ちが母親にしがみつく行動であり、それを受け止めてもらうことで安堵感を持つ（人心地が着く）すると周囲を冷静に観察してみる心の余裕ができてくる。幼稚園や保育園に行きしぶる、あるいは登園拒否、友達の輪に入れない、不登校等の背景には、「行きたくても行けない」不安との葛藤があって、その不安に押しつぶされ、やむなく引き込まざるを得ない、子どもの心の揺れがあると私は考えます。

母と子の愛着関係（基本的信頼感）ができると、子どもは母以外の他者に関心を持ち始めます。他者とかかわることの楽しさを発見するのです。それを集団に入っていく力と言います。一般的にはそれは4歳位と言われます。今は産休明けから保育園に通園する乳児が15％、3歳児では保育所通所者が30％を越えます。

幼稚園も園児獲得のために、2歳児から幼稚園に通える体制をつくったり、それが当然の風潮になっています。母子愛着期を子どもが安心感と満足感の中に堪能できる援助こそが大事なのに、園に行こうとしない子どもの側に問題があると診てしまうのでは子どもはたまったものではありません。早すぎる「母子分離」をもう一度見直してみることが必要であり「分離不安」を子どもの発達の遅れとみてしまう、大人の身勝手さを戒めたいと思います。

幼稚園への登園拒否や行きしぶりを我が子が訴えた時は、決して子どもに園に行くことを無理強いしないことです。ましてや叱りつけたり説教しないことです。「みんな楽しそうに行ってるよ。どうして行けないの」とか「そんな弱い子ははずかしいな、みんなから笑われるよ」とか子どもを責めれば責めるほど子どもの立場は追いつめられていくだけです。

幼稚園や保育園は義務教育ではありません。「義務教育」という言葉は、子どもが学校に行く義務ではなくて、親が子どもに教育を受けさせる義務があるという意味です。事情が許せるなら休園して自宅で母子で思いっきり遊んでもよいし、一緒に登降園を楽しみながら通園につきあう方法もあります。「お母さんがそばにいてくれるだけで安心できる」状態をつくってあげるのです。

それは小学校低学年の不登校の場合も同じです。時にあまえ足りていない子どもたちが、「スプーンでごはんを食べさせて」とか、かんしゃくを繰り返すとか、無理難題をふっかけるとかがありますが、こういう場合もトコトン子どもにつき合ってあげることで、(一見超過保護、あまやかしに見えますが)この人(親)は私のことを大事にしてくれる。この人は信頼してもよいという確信を持つことがきるようになるのです。

そして目の前にこの人(親)がいなくても間違いなくこの人が自分のことを待っていてくれる、守ってくれるという安心感が子どもの心にしっかりと定着するまで、この援助は必要なのです。

人間関係の技術は友だちと遊ぶことで学ぶ

母子の愛着関係がしっかり育って集団の中に入って行くことができるようになると、友だちをつくること、友だちと遊ぶことが子どもの目的になります。大好きな友だちと遊べること、友だちの輪が広がること、「なかまになりたい」

という本能は、そのつながりを一層強くするために母親や家族以外の関係性を求めていきます。同時に人とつながることは、そこにさまざまな対人関係に伴う事象、アクシデントやドラマが生まれます。

ある子どもは「君のことが好きだ」という自己表現を相手をつきとばすことで表そうとしたり、チョッカイを出す、かみつくという方法だったりする場合もあるのです。そうした時に自分はどうしたらよいだろう。

例えば砂場でケンちゃんとナナちゃんが遊んでいます。ケンちゃんはトンネル掘りに夢中です。ナナちゃんはケンちゃんの隣で川を掘っています。偶然その時、ケンちゃんのポケットからケンちゃん愛用のキーホルダーが落ちました。ピカチュウの絵入りです。ケンちゃんはそのことに全く気づきません。ナナちゃんはそのキーホルダーを手にとってピカチュウの絵を見ていました。するとその時後ろを振り向いたケンちゃんが「オレのピカチュウを何するんだよー」と言ってナナちゃんの肩を押しました。ナナちゃんはワーッと泣きました。そして、翌日から幼稚園に行けなくなりました。

一方同じシチュエーションで同じく女児のヨッチャンは、ケンちゃんに向かって、「何よ、ケンちゃんが落としたから拾ってあげたんじゃないのよ」とつきとばされた時に、倍くらい大きい声で言い返しました。同じ状況に置かれた時に、その状況にすっかり飲み込まれてしまって立ち直れない場合と、堂々と言い返せる場合の違い、みなさんはどちらのお子さんに育ってほしいと思いますか。ちょっとしたことでたじろいでしまう子どもを、「意気地のない子だ」と叱ったり笑ったりすることは、何ひとつたじろいでしまう子を、勇気づけることにならないことを分かってほしいのです。そして叱れば叱るほど、その子が萎縮してしまうということも理解してほしいのです

そしてちょっとしたことでたじろがない子にしていくためには、多様な他者との関係（友だち）を体験しながら、身につけていくしかありません。子どもは多様な関係に出会うことによって、対人関係をうまく切り抜けていく技術、知恵（問題解決能力）を身につけることができるのです。そうした多様な関係性を身につけることが、幼稚園や保育園に行くということなのです。3歳児で

乱暴だったA君は、年中になると急に乱暴が陰をひそめて、みんなと遊べるようになりました。それは乱暴していると誰も自分と遊んでくれないことに気づいたので、乱暴が陰をひそめたのです。

遊びの発達

子どもの発達にとって遊びが不可欠なのはそうした意味からでもあるのです。遊びは、母（父）と子のやりとりから、一人遊びへ、そして2人との関係、4歳になると3人とかかわることができるようになります。3人との関係性ができた時に「いじめ」が発生します。一人遊びは好きなことに子どもが我を忘れて没頭している点で、また熱中することが集中力の深さや持続する力と深く結びついているという点で大事にしたい時間ですし、それがやがて並行《へいこう》遊びという段階に入っていきます。

各々の子どもは別々の遊びをやっているのだが、同じ部屋（空間）と時間を共有しているという関係です。子どもの没頭の対象や度合は違うけれど、端から見ると同じことをやって同じように遊んでいるように見えます。でもそこには、子ども同士の学び合いや教え合いやかかわりあいはまだないのです。ただ一緒にいるだけ、それで十分なのです。それが5～6歳期になりますと、みんなで何かを作り上げたり、アイデアを出し合ったり、「共同（働）作業」の段階に入ります。各々が役割意識を持って協力し合いながらひとつの目標に向かって共同して作り上げていく活動が可能になります。あるいは規則やルールに従って遊ぶ「連合遊び」も活発になります。その時に群れから離れて一人で遊んでいないか、積極的に群れに加わろうとしているかは重要な発達のポイントになります。

かつて日本にはムラ社会が存在しました。地域共同体とでもいうべき、血縁や地縁による結びつきの濃い地域社会がありました。それは時として、国家統制の末端としてお互いを監視したり抑圧する機関としての役割を担う面もありましたが、濃密な人間関係を作り上げていたことも事実です。

子どもの世界にあっては、農作業に勤しむ一家の労働力として、アテにされる部分もありましたが、多忙な大人社会とは分離された、子どもだけの独立した子ども社会が形成されました。上は中1、2年から下は4～5歳までの子どもたちが一団となった、文字通り「タテ割」の異年齢集団が形成されていました。

ガキ大将即ち仲間にとって「偉大なるリーダー」が君臨し、集団にはそれなりの掟や規律がありました。少なくとも日本の農業が自給率70％を確保し、高度経済成長に突入する昭和30年代後半までは、日本中の到る所にこうした子どもだけの集団が、学校友達とは別に存在していたように思います。

私は父の勤めの関係で小学校を5回転校しました。父は土木技師で護岸工事を専門としていましたので、転勤先は港湾や、大きな河川のある街や田園でした。小学校3～4年の時は学校まで片道徒歩で50分かかりました。下校時は2時間も3時間もかかって帰りました。田んぼがあり、畑があり、小川があり、橋があり、墓場がり、神社があり、鎮守の森があり、グミの群生があり、夏には毎日のように5キロもある砂浜まで松林を歩いて泳ぎに行きました。

5年生の3学期に県庁所在地の「都会」に引っ越しましたが、そこでも学校の近くの山や城跡で暗くなるまで遊びました。学校の往き帰りはクラスメートと一緒でしたが、帰宅すると近所の子どもがワンサといました。土、日はほとんど近所の子どもたちと過ごしました。少なくとも自分の記憶の中には、とにかくよく遊んだ記憶しかないのです。全く勉強しなかった訳ではないのでしょうが、小学校時代は遊んだ記憶しかよみがえってこないのです。私たちの時代の子どものしあわせ度を100とすると、今の子どもたちは1もないのではないかと、子どもたちに全く申し訳ない気持ちでいっぱいになります。人間は時間をかけて大人になっていきます。ヒトが人（人間）になっていく、まさに「ヒトナル」のです。遊びとは、

1　楽しさ、おもしろさ、好奇心を満たす活動

2　自らの意志で主体的に自発的に取り組む活動

3　活動それ自体が目的であり、遊ぶこと自体が目的になっている

と言えます。

かつて『育児の百科』（岩波書店）で有名な松田道雄は、自動車社会が子どもの全ての遊びや遊び場を奪ったことにふれて、子どもが生まれた時から、子どもの安全のために常に母親の監視下におかれることが、子どもの心身の発達に及ぼす弊害を指摘していますが、先述した遊びの定義と合わせて、自分を主人公に誰からも拘束されることなく、子ども同士が多様な人間関係の中で自ら問題解決していく場を、子どもの世界に持ち込んでいくことは、大人に課せられた大きな課題だと思います。

人間関係を広げていくためには、0歳から2歳位までの母と子の濃密な愛着関係がまず基礎にあって、次に、父、祖父母、きょうだいといった家族の関係に広がり、さらに保育園や幼稚園の友だち同士の遊びに広がり、小学校から思春期にかけての遊びの充実（遊びにはさんま（三間）・空間・時間・仲間）が不可欠ですが、このどれもが今失くなりつつあります。特に小学校低学年から4年生あたりまでの遊び体験が、徹底的に不足しています。遊びを通して人とかかわりあうことの楽しさと、協力し合う楽しさを、そして人間はひとりでは生きていけないことを、実感させなければならないと思います。

4. 生活の基盤を整える
――快眠、快起、快食、快便、快動、快笑のすすめ――

朝からボーっとしている子、あくびする子、日によって調子にムラのある子、机にうつ伏せになったり、床に寝そべったりする子、設定保育中に居眠りしてしまう子、見るからに無気力な子、こだわりの強い子、これらの症状は母子愛着の不足、あるいは、情緒障害的行動として心理的要因に帰する場合が多いのですが、多くは子どもの生活リズムや生活習慣をただしていくことで、目を見張るような改善がはかられることが少なくありません。

1 早寝早起き

いつの時代も口すっぱく言われ続けていることですが、経済優先の現代社会では、まるで他人事のように聞き流している母親が、多いように思われます。すこやかな目覚めを子どもに保障するための就寝時刻は夜8時です。古今東西あらゆる学者や、医学書が指摘する時刻も夜8時。にもかかわらず日本中の幼児を寝せる平均時刻は午後10時前後です。

大脳が目覚めて全開状態になるのが起床から3時間後、午前9時前後がその時間だとすると、幼児は少なくとも10時間は寝ることを脳が欲するので（これも個人差があって11時間、12時間も必要とする子どももいます）午後8時に寝るのが理想とされるのです。午後8時にはあらゆる体内の機能が低下します。ただ、たくましい子に育っていくための成長ホルモンだけは深夜0時にかけて分泌を始めます。

また体温の関係で見ますと、脳が活発に働いている時の子どもの体温は37度前後、子どもの体温は高いのです。子どもの体内リズムと、眠りの日周リズムを合わせて考えると、やはり午後8時に寝て午前6時に起きることは、親として守ってあげなければならない責務ではないかと思います。

今、地デジ対応をすすめるテレビのテロップが、執拗にテレビの画面に流れますが、あれ位の執拗さと必死さをもって午後7時半頃に「子どもは寝ていますか」のテロップを流す位の国民的キャンペーンをはるべきです。目に見えないところでの子どもの健康（睡眠はその根幹をなすものです）のあり方を、母親たちに周知すべきです。「何時に寝かせようと我が家の勝手だ」とそこにプライバシー論をふりかざされては、弱い子どもの立場は守れません。テレビの在り方、見せ方、テレビゲームの与え方もふくめて、大人社会の商業主義があまりにも弱い者（子ども）を、犠牲にしていることをもっと知るべきです。

ことばの遅れや発達に障害を持っている子、あるいは発達にひずみがみられる子どもたちを少しでもよりよき改善のために最初に取り組むべき課題は、やはり生活リズムの安定です。脳に障害がある場合、夜11時や夜中の12時まで起きている場合が多いのですが、夜8時には寝て朝6時には起きる生活を徹底しますと、驚くほどの改善が見られます。意欲や自律神経を司る視床下部のはたらきが安定するためだと思われます。日本の言語セラピストの第一人者中川信

子先生は、

イ　睡眠のリズムの確立

ロ　からだのはこび動かし

ハ　情緒の安定、笑いあい、ふれあい、なるべく叱ることをやめる

ニ　人とのやりとり、応答的関係、やりとり遊び

ホ　手を動かす（手は第二の脳）

と述べています。これは幼児の健全な発達を促すために、ぜひ心がけたい事柄ばかりです。

2　快食、快便

「モリモリ食べて元気に遊んでほしい」、どの親も持つ子どもへの願いのひとつです。が、小食、偏食、ムラ食いと食事に関する悩みも結構多いものです。基本的に子育ての悩みや問題は、親が子どもを親の願い通りにしつけたい、親の言うことを聞かせたいという親の思いと、当の子どもの行動とのギャップの

大きさにあります。食事に関しては、とにかく出されるものを食べてほしい。（食べないと大きくなれない、赤ちゃん時代のミルクの飲みの延長線で考える）、行儀よく座って食べこぼさず、マナーを守ってほしいなどがあります。

おはしを持ってごはんをこぼさずに食べられるようになるためには、かなりの時間（試行錯誤）が必要なのですが、親はそれをなかなか認めようとしません。要するに待てないのです。子どもの心が最も開放されている時は、一日の中で「ごはんを食べる時」と、「お風呂に入る時」と、「夜寝る時」です。この楽しいひとときを子どもと共に楽しむ。楽しく食事する。お風呂で楽しくふれあう。夜寝る時は添い寝しながら、昔話や寝物語をゆったり語ったり、子守り歌を歌いながら眠りにつく。そういう母と子の二人だけに流れる至福の時間を過ごしてほしいのですが、現実は「きちんと座って食べなさい」「食事中に立ったり、歩いたりしてはいけません」「こぼさないように」「全部残さず食べなさい」「もっとゆっくりかみなさい」「水は飲まないように」、命令と指図と禁止句のるつぼの中に子どもは置かれます。ましてやきょうだいが、二人、三人と増えるに従って、叱られ、どなられ、注意され、きょうだいの比較をされ、たたかれたりすることも多くなります。

今日一日何事もなくこうして家族一同が食卓を囲むことができた、一日の糧を与えられた、それは感謝以外何物でもない、そんな気持ちで食事ができれば、子どもたちも嬉々として「食べることに」注意が集中するはずです。私たちは何かをしようとする場合に、あるいは人から声をかけられた時に、理性（前頭葉）で受け止めるのではなく、感情（A10《エーテン》神経群）でまず、その情報をフィルターにかけます。

「今日は大好きなカレーだ」カレーの臭いがドア越しにしただけで、食べたくなりますし、早く食卓に着きたくなります。「今日は大嫌いなピーマンと玉ねぎが入ったチャーハンらしい」それだけで、食事はできれば後回しにしたいし、そこに「どうして嫌いなの」「どうして食べないの」と、詰問する母親の声ですっかり食べる意欲を失くしてしまいます。いくら「栄養があるから」とか「丈夫なからだになるから」と言われても、情報を受け止める最初の入口で

「嫌いだ」というフィルターがかかってしまうと、その思いをくつがえすのは並大抵のことではかなわないのです。

また離乳食が始まった頃に口の周りや飲み込むことに関して、何か異様な感覚や異変を体験したりすると、そのことに強い拒否反応やこだわりを持って、それが小食や偏食につながっていく場合が多いのですが、何がなんでも「食べさせよう」とするのではなく「食べたくなるような」誘いかけや、意欲の引き出し方を心がけたいものです。そうしたしかけや工夫の上に「食事をする」という行為があることを心したいものです。そうした前提の上に立って、

イ　三食一間食を規則正しくとること
ロ　特に朝食は必ずとること
ハ　「マ（マメ）ゴ（ゴマ）ワ（ワカメ海藻類）ヤ（ヤサイ）サ（サカナ、小魚）シ（シイタケ、キノコ類）イ（イモ）」をメニューの基本におくこと
ニ　とにかく楽しんで食べること
ホ　かむことを習慣づけること

などを食事の基本にしたいものです。それらは快便にもつながることです。便秘が習慣化しないように気をつけなければなりません。睡眠、食事、衛生に関することは親がしっかりと干渉してリードしなければなりません。子どもにまかせてはならない（過放任、過許可）事柄なのです。

3　からだを動かすこと

今まで何度もふれたように、子どもにとって遊びは仕事です。遊ぶことを抜きにして子どもの世界は成り立ちません。徒歩で通園する、公園で走り回る、鬼ごっこやかくれんぼで夢中になって遊ぶ。それらの遊びにはつかまらないように逃げたり、さっと方向を変えたり、小山をかけ登ったり、かけ降りたり、即座に判断したりするなど、運動能力を発達させる要素が盛り沢山です。日常の生活の中で、飛んだり、はねたり、走ったりというごく普通に自分のからだを使って動きまわる行動が、子どもの生活の中に満たされているか再考したいものです。

15年前の調査ですが、長野県のS市と東京都目黒区の小学校の生徒のどちらが、一日の歩行数が多いかの比較調査がありました。豊かな田園風景の中での長野県の子どもたちが自然を相手に飛び回っていると思いきや、目黒区の子どもたちの方が、万歩計の歩数は上回っていたのです。地方に行けば行くほど車社会です。一家に三台保有という家庭が当たり前になっています。歩いて数百メートルのところでも車で移動します。それに比べて都市部の生活では、駐車場の確保の問題もあって、通学や通勤は徒歩や電車が当然になっています。

子どもたちの運動能力の低下は年毎に進んでいますが、根本的には車社会の背景から考えてみる必要があります。また週1~2回のスポーツ教室や設定保育にまかせるのではなく、子どもの遊びを生活の中で日常的にどれだけ充実させるかにかかっています。足は第二の心臓と言われるようにからだの運び動かし、赤ちゃん時代の這い這いから始まって、親子の身体を使ったふれあい、外遊び、テレビやテレビゲームを遠ざける生活環境など、大人の配慮が一層求められます。

4　手を使う

手は第二の大脳、外部の頭脳とも言われます。手指を使う人間の行動には、つまむ、持つ、たたむ、包む、広げる、結ぶ、折る、切る、曲げる、たたく、打つ、はさむ、握る、ぬる、折り曲げる、鳴らす、しぼる、ふく、つかむ、削る、入れる、さしこむ、かける、はく、そろえる、並べる、（穴に）通す、積み上げる、くずす、（穴を）あける、はずす、しめる、投げる、受け止める、受け取る、貼る、（スイッチを）押す、（ドアを）閉める、開ける、（ボタンを）はめる、（顔を）洗う、（髪の毛を）分ける、たたむ、ねじ曲げる、ねじ込む、ひねる、（フタを）あける、しめる、着る、押す、引く、描く、作る、こねる、くっつける、ひっかく、はがす、……無数にあります。子ども自らが好奇心に駆られて、これらの言葉と結びついた探索活動を続けている時に、手指の活動は手先の巧緻性を促すと同時に知的能力の発達を促すことに、大きなはたらきをしていると言えます。

ピアジェは誕生から2歳ぐらいまでの幼児は、見たり、聞いたり、さわったりといった感覚で受け止め、口元に持っていく、吸う、つかむといった運動的なはたらきかけを通して認識していくことから、「感覚運動的段階」と呼んでいます。特に12～18ヵ月の目と手の「協応動作」、18ヶ月～24ヶ月には父親が目の前にいなくても、メガネをかけるまねをする「延滞模倣」が見られるようになると述べています。また2～7歳期を「前操作的段階」と言って、ごっこ遊びに見られるように、イメージや表象を用いて考えたり行動したりできるようになるが、まだ論理的に頭の中で思考できないので五感（視覚、聴覚、触覚、臭覚、味覚）をフルに使った実体験を通して自分の感覚で物事を認識していくことの重要性を述べています。

早くから文字や数を教え込んだり、また我が子の発達に遅れを感じた時に、文字や数さへ理解できればよいと考えて無理に教える場合がありますが、子どもも自らが好奇心を持って取り組む探究心が根っこにないと、本当に「わかった」「できた」ということになりません。手指を使うことの重要性をその点からも捉え直してほしいものです。

5　声を出して笑う

我が子が初めて歯が生えた時、歩き始めた時、ことばが出始めた時のことをほとんどの方が鮮明に覚えていると思いますが、「こちらの働きかけに対して声をたてて笑ったのはいつ頃だったか」という記憶は意外にあやふやなものです。自然発生的に出てくる「モロー反射」による微笑とか「無差別微笑」といった、天使のようなほほ笑みを無意図的に赤ちゃんはしますが、大人のはたらきかけに対して、意識して自ら声を立てて笑うという現象は幼児の発達の上で大事なエポックです。相手のはたらきかけに対して呼応する、あるいは共鳴するはたらきだからです。

赤ちゃんの願いはいつも母親に自分のそばにいてほしいということと、自分を喜ばしてほしいということですが、首が座った3ヶ月～4ヶ月頃から、あやしてあげると声を立てて笑うようになります。呼応する、応答する、相互のやりとりがやがて、「自分の思いを伝え合う「ことば」の獲得や他者を思いやる礎になる共感能力につながっていきます。

そして7〜8ヶ月位から始まる「イナイイナイバアー」の繰り返しに発展していきます。母（他者）とのやりとりは、人間同士のよろこびを伝えあう活動でもあります。いのちの伝えあいです。お互いが恵まれて一日を過ごす。「一日一笑」笑いは救いです。できれば毎朝笑顔で起こしてあげれば言うことなしですね。

5. 叱る時に気をつけたいこと

①大声を立てて怒鳴ったり、腹を立てて怒ったりしては何もならない

私たちは「しつけ」という言葉を耳にした時、必ず「叱る」という言葉を思い浮かべます。テレビや新聞でも、「最近の大人はよその子を叱れなくなった」

というような表現をよく見かけます。「叱る」＝「しつけ」というイメージです。「しつけ」というのは躾、身を美しくすると書きます。

「私たちがしあわせに生きていくために相手に不快感を与えないように社会的ルールやマナーを守れるように教える」ことであり、しつけはそのことがしつづけられるように習慣化していく営みと言ってもよいと思います。だから我々大人が一つひとつていねいに何度も繰り返し教えてあげればいい訳で、何も怒鳴ったり叱りつけたりする必要はないのです。

大人（おとな）の語源は「音無し」から来ていると言われます。おとなしい人、物静かな人という意味です。『広辞苑』には（大人）①十分に成長した人、一人前になった人。②考え方、態度が老成しているさま。分別のあるさま。とあります。怒鳴ったり怒ったりすることは、相手を威嚇する行為です。きょうだいげんかを親が暴力的に怒鳴ってやめさせたりしますと、子どもはそれをそのまま真似て、暴力には暴力で対抗すればよいことを学びます。従ってきょうだいゲンカは繰り返されるのです。体罰の最も大きな弊害は、ことばより暴力の方が価値があることを子どもに教える行為だということです。私たちは大人であることを自覚しながら、「こうすればいいんだよ」と教えてあげる態度で臨みたいものです。

②叱られる身になって叱る

人間は自己中心の動物です。人間の「生きたい」という本能は前向きに生きたいという意欲と同時に「自分を守りたい」という本能でもあります。まず自分のことに関心がいく、いや自分のことにしか関心がいかないというべきかもしれません。相手が自分より弱い立場だったり遠慮のない極めて近い関係ですと、自分の感情（怒り、不安、不信などのマイナスの感情）をそのままぶつけてしまいがちです。

自分の声が、言葉が、顔の表情が、相手にどんな感情をいだかせるか、一息おいて言葉を選べば、受け取る側もその言葉に素直に従えるかもしれません。特に留意しておきたいことは、相手のプライドを傷つけないことです。友だちとの比較、きょうだいの比較、例えば、「（4歳の）妹はおねしょしないのに（6歳の）おにいちゃんはまだおねしょしているね。」「弟はなわとびを跳べるのに（6歳の）おにいちゃんのくせに弟ができることもできないのか」といったような責め方をしますと、本人は萎縮するばかりか強い劣等感を抱くことになります。

③不安傾向の強い子どもを叱らない

子どもが不安感を持つ要因については前述しましたが、何事にも慎重過ぎる子どもや、完璧であろうとして失敗を恐れる子に、「がんばってやりなさい」と言葉をかけても、それはますますその子を追い込んでしまうことになります。ましてや、「どうしてこういうこともできないの」とか、「どうして一人でトイレに行けないの」とか、「いつまでもあまえていて恥ずかしくないの」と、言ったような叱り方も人格を否定するばかりか、不安感をますます増長させることになります。自分でやろうとしたことや、自分で最後までやり遂げた経験をしっかり評価してあげれば徐々に自信がついてくるはずです。

④失敗を叱らない

10歳までは失敗する権利がある。失敗を繰り返すことで、失敗しなくなることを前述しました。失敗を叱るといろいろなことに挑戦しなくなります。「石橋をたたいても渡れない」子どもになってしまうかもしれません。

⑤くどくどと説教しない

論理的にものごとを考えることができるようになるのは、10歳位からと言われます。脳重量は10歳で大人と同じ重量になって、その後は増えないと言われますから、その辺りのことと符合するのかもしれません。すじみちを立てて説明できる、理由づけができるのも6歳位からです。予測を立てることができるのも6歳位からです。

ピアジェは幼児期を自己中心性の時代と呼び、「6歳までは相手の立場になって考えることができない」と述べています。また一度にいくつものことを要求するのは、単なる音の洪水であって何ひとつ相手の心に届きません。「話せば分かる」どころか、「話せば話すほど」子どもの心は混乱するだけなのです。どうしてもその行為をやめさせたかったら、「やめようね」とか「ダメ」の一言でしっかりと伝えるべきです。また「〜してはダメ」と言うより次に起こすべき行動をしっかりと伝えればよいのです。

⑥叱ってよい時と叱ってはいけない時がある

朝目覚めの時、食事の時、登園や登校する時、子どもの心は文字通り「未来への期待感」にワクワクはずんでいます。子どもは過去（「きのう」）ではなく未来（「あした」）にしか興味がないのです。前向きで積極的な子どもの心を、朝から否定的な言葉で叱責するのは、実に勿体ない話です。朝食もみんなで楽しく食べることを優先させて、「しつけ」は二の次三の次にしたいものです。「またこぼしたの」「おはしの持ち方ちがうでしょう」と何回も失敗を叱責するより、「あまりこぼさなくなったね」とか、「おはしの持ち方もずいぶん上達したね」と成果（できた部分）に注目してあげれば、前向きの気持ちになれるはずです。

⑦子どもの反抗的な態度や注目してほしい不適切な行動は叱らない

「子どもの不適切な行動には目的がある」とアドラーは言います。過剰なまでの自己主張や、「してはいけない」と言われたことをワザとするなども、相手の関心を自分に引き寄せようとする行動です。人間は無視されることが一番こわい。「無視されるよりはまだ叱られる方がマシだ」。これが何度叱られても同じ行動を繰り返す子どもの心理だとアドラーは言うのです。

また相手が感情的になっている時にこちらも感情的になってしまうと、感情はマイナスの方向にますますこじれていきます。怒りの感情が湧いてきたら、5秒間だまってその怒りの感情がしずまるのを待つのです。また反抗的でない時の望ましい行動に注目して、例えば「きょうだいゲンカばっかりして！」ではなく「仲良く遊んでいるね」と声をかければ「きょうだいゲンカ」は減っていくはずです。

⑧行為と人格を区別する。人格を叱らない。

「何度言ったら分かるの‼」とか、「どうしてそんなウソばかりつくの」とか、「あなたみたいなあきっぽい子は嫌い」とか、「どうしてそんなに意地悪なの」とか、相手の人格を攻撃してしまう叱り方をしていまいがちです。またこれらの言葉は「あなたは～である」というように、「あなた」が主語になっています。こういう言い方を「あなた（you）メッセージ」と言います。注意を促したり、改善してほしいことは行為であって、行為に注目して、「わたしは～してほしい」という言い方にすれば、少なくとも子どものプライドを傷つけない分、親の要求を素直に受け入れるのです。

「ＳＩあそび」とは

●「ＳＩあそび」と「ＳＩ理論」の基本理念

「ＳＩあそび」は、アメリカの南カリフォルニア大学名誉教授、元全米心理学会会長のＪ・Ｐ・ギルフォード博士の「ＳＩ理論（知能構造理論）」に立脚した幼児教育プログラムです。急速に知能が発達する幼児期に、意欲と好奇心を引き出しながら、幅広い思考力を育てることをめざしています。

ＳＩとは、Structure of Intellect の頭文字です。

ギルフォードは、ＩＱ（知能指数）で測られる知能はごく一部のものでしかなく、発想や連想すること、問題の解決に向かって考えをまとめあげていくことのはたらきを測る尺度が知能テストにはないと指摘し、一九五六年に

「ＳＩ理論」を発表したのです。

そして、「知能とは、いろいろな情報の種類をさまざまなやりかたで巧みに処理する数多い能力の集合体である」と定義しています。つまり、情報を処理する能力を知能としたのです。

この理論は、人間の大脳がそれぞれの場所でいろいろなはたらきをしているように、知能も単純ではなく、多くの〝知能因子〟と呼ばれる要素で構成されているとしています。

その要素を構造的にとらえ、三つの面であらわしました（図１）。

①知能の領域――情報の種類。知能がはたらくときの材料。何で考えるかというときの「何で」にあたる情報のことで、五つあります。これは、子どもたちにどういう遊びを体験させるかの手がかりにもなります。

・**図形**（図柄や造形など、視覚や触覚、体の運び動かしなどの感覚をとおして受け取るもの）

・**聴覚**（音声や音楽など、音をとおして受け取るもの）
・**記号**（文字や数字、標識やマーク、色記号など、人間がつくりだした情報）
・**概念**（言葉、文章、おはなしなど、意味づけされたもの）
・**行動**（表情やしぐさ、語調など、人間の気持ちをあらわすもの）

②知能のはたらき――考えを組み立てる方法、やりかた。頭のはたらきのことで、五つあります。

・**認知**（気づく。見たり聞いたりして知る。理解力）
・**記憶**（覚える。覚えておいて思い出す。覚える力）
・**拡散思考**（新しいことを思いつく。考えをふくらませたり、自由に考え工夫する。発想したり連想したりする。柔軟な思考力）
・**集中思考**（正しい結論を出すために推理し、論理的に煮つめ追究する。正確な思考力）
・**評価**（比較判断する。選別したり比較したりする。的確な判断力。決断力）

図1　ギルフォード博士の知能構造（SI）モデル

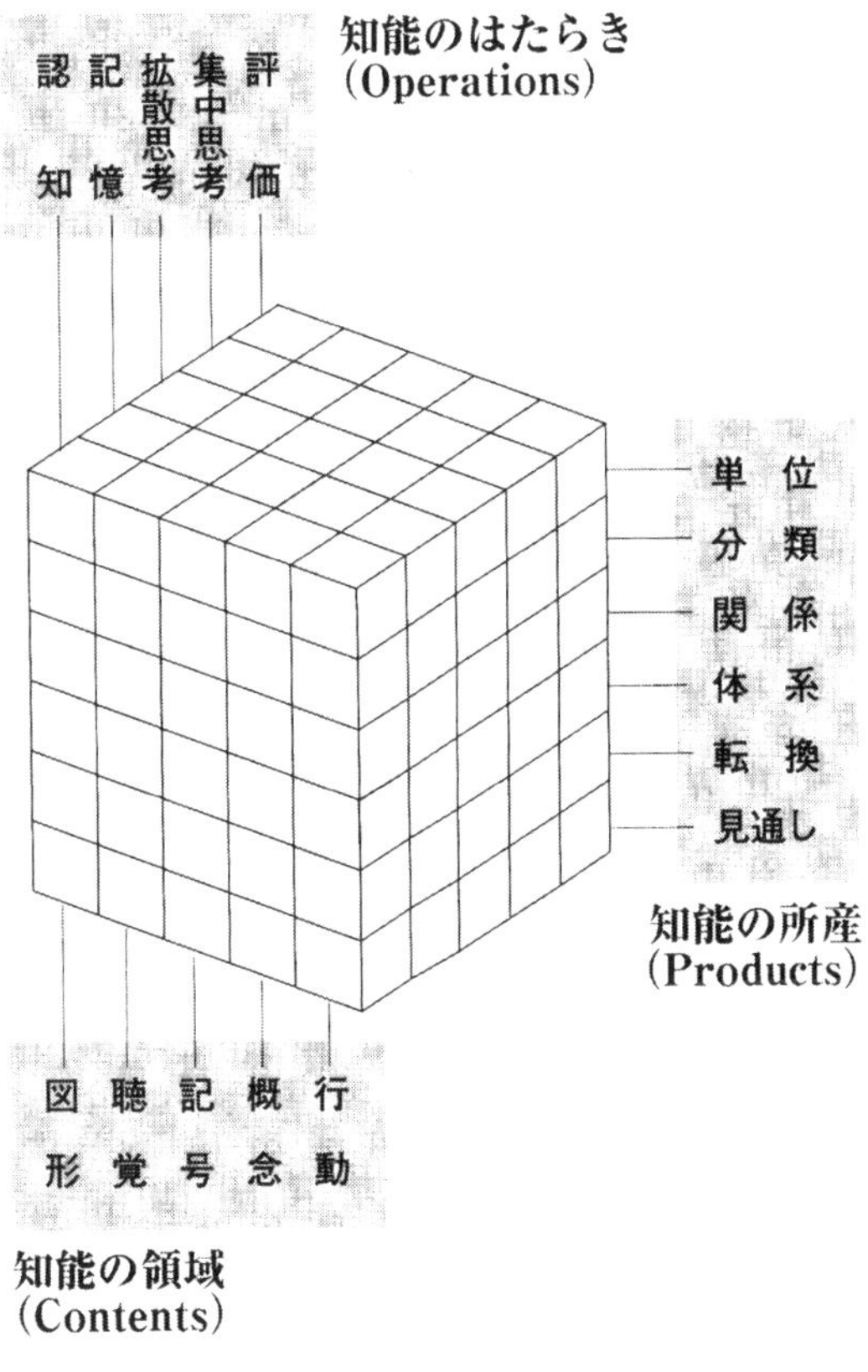

『知能教育入門　ギルフォード博士の「知能創造力開発法」』
（J・P・ギルフォード著、知能教育学会訳編）より

③知能の所産――情報を呼び戻す手がかり。思考力をはたらかせた結果、生み出されるもの。あるいは情報の把握のしかたのことで、六つあります。

・**単位**（ひとつのもの。ひとつの事柄。単一のもの）

・**分類**（単位が区別されたもの。仲間やグループ分けできるもの。共通性のあるもの）

・**関係**（二つの単位の間に成り立つもの。単位と単位の間の結びつき）

・**体系**（三つ以上の単位の間に成立するもの。しくみ、構造をなしているもの。順番）

・**転換**（情報の変化、変形、変換、代用。ひとつの材料を、他の材料に変えること）

・**見通し**（起こりうる結果を予測、予想する。見通しを立てる）

これら「領域」五つ、「はたらき」五つ、「所産」六つを組み合わせて、百五十の知能因子で構成されると考えました。組み合わせは、「図形の単位を認知する」「記号の分類を拡散思考する」などと表現します。

ギルフォードは、知能因子のなかでも拡散思考の重要性を強調し、創造性にもっとも深くかかわるものだとしています。

そして、従来の教育が認知や記憶に頼りすぎていること、また、人間の頭はもともとやわらかいが、育てられかたによってはかたくなること、柔軟な思考は自分で考えるという経験によってはぐくまれること、と創造的思考力の教育の必要性を訴えています。

ギルフォードの知能因子を刺激するという方法で多面的な考えかたをはぐくみ、あわせて、みずから考え、みずから気づく知的態度を子どものものにしていきたいという教育実践が「ＳＩあそび」です。

●知能を育てる環境づくり

三歳になると、脳の前頭葉は著しく発達してきます。ここは思考や創造をつかさどるところで、この能力は頭を使えば使うほど伸びていきます。

子どもは本来、学びたいという意欲と、知的なものへの好奇心を貪欲なまでにもっています。このエネルギーが、やがて学習する力、考える力に結びついていくのです。つまり、こういう環境をつねに保ち、子どもの意欲を早い時期から引き出すことが大切になります。

親や教師の強制ではなく、子ども自身が自分の目で見、自分の耳で聞き、自分の手で触れ、自分の心で感じ、自分の頭で考えることによって、大人の押しつけではない柔軟な思考力がつちかわれます。

「SIあそび」は、次の観点に立って実践している教育です。
①知能は外部からの刺激によって発達する。
②知能を伸ばすには、早い時期ほど効果がある（十二歳を過ぎると効果は弱くなる）。
③知能は数多くの知能因子を刺激することで伸びる。

子どもはできるだけ早い時期から、知能因子のねらいを的確にとらえた教材を使うことが重要になります。単純なおもちゃより、複雑に考えることを必要とする教材を与えることによって、知能への刺激が高まります。

子どもが教材に興味をもつポイントは、自分がやってできるか、できないか、その可能性が五分五分であることです。難しすぎても、やさしすぎてもよくありません。

一人ひとりの発達に照応させた教材であることは、「SIあそび」のもっとも誇れるところです。

●教育実践の方法

「SIあそび」の教材は、学習指導年間カリキュラムにもとづいて編成されています。年少児（三～四歳）は年間三十回、年中児（四～五歳）と年長児（五～六歳）は年間三十八回、おおよそ週一回ずつ取り組みます。一回の活動時間は四十～五十分です。

たとえば、「おひさまと3つのやま」(図2)という年中児の課題は、与えられた三角形と円形のカードをうまく組み合わせて、描かれた形と同じになるように完成させていく遊びです。

三角と円のどちらを先に置けばよいか、あるいは最初と最後にどれを置くかを類推しながら論理的に煮つめていき、示された絵とまったく同じように並べます。やさしい問題から苦渋する問題へと十問あり、思考の深まりを強めていきます。

この遊びで刺激する知能因子は、「図形の体系を集中思考する」です。同じ形(図形)になるように、置く順番(体系)を考え、ぴったりになるように並べる(集中思考)。迷いながら結論に到達する一連の思考過程が、迷うことを恐れない子どもにし、少々のことはがまんできる忍耐力や持続力をはぐくみます。

これは、方程式を解く、物理の定理を理解できる、論文を書くといったこ

図2　「おひさまと3つのやま」年中児（4～5歳）用

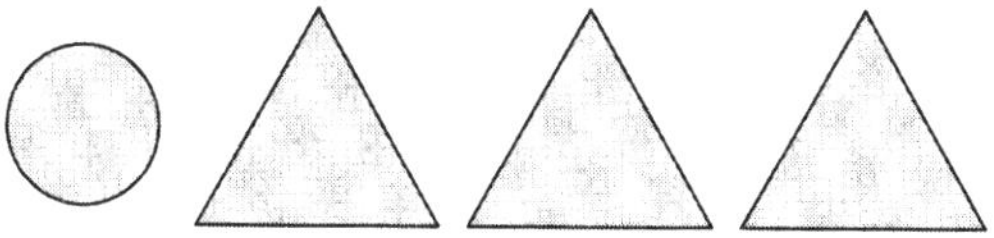

ひとつの円（おひさま）と3つの三角形（やま）のカードを使って、左の絵と重なりや位置が同じになるように右の枠のなかに並べましょう。

※実際には10問出題されます

とにも関連していきます。

「おってひらいて」（図３）という年長児の課題は、折り紙を折ってから一部を切り取って開いたとき、穴がどのようにあいているか、折り線はどのようになっているかを考える遊びです。

あれこれ類推して仮説と検証を繰り返し、三つの選択肢のなかから正解だと思うものを選んで丸をつけます。そして、自分の仮説が正しかったかどうかを、実際に折り紙を折ってみて確かめます。この遊びは十六問用意されています。

刺激する知能因子は、「図形の転換を認知する」です。折り紙の形（図形）を見て、折って切り取るとどう変化するか（転換）を理解する（認知）。「認知」は知能のはたらきのなかでも基本となるものですが、変化を類推する過程は、集中思考に近い思考活動です。

これは、作図したり、設計図を引いたりする場合に重要になってきますが、何よりも算数の文章題を解くときの思考そのものなのです。

図3　「おってひらいて」年長児（5～6歳）用

したのように　おって　きりとって

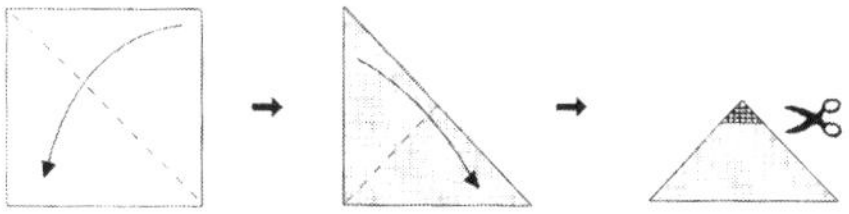

ひらくと　ついたせんと　あなは　どれかな

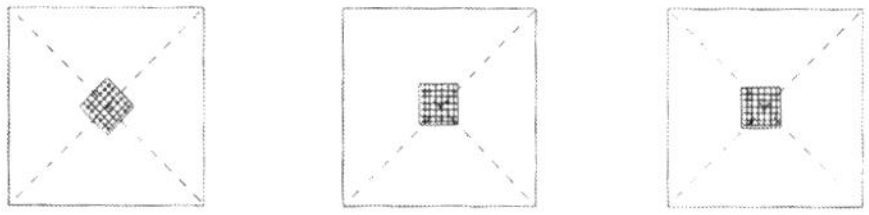

ⓐ　ⓑ　ⓒ

正解　c

したのように　おって　きりとって

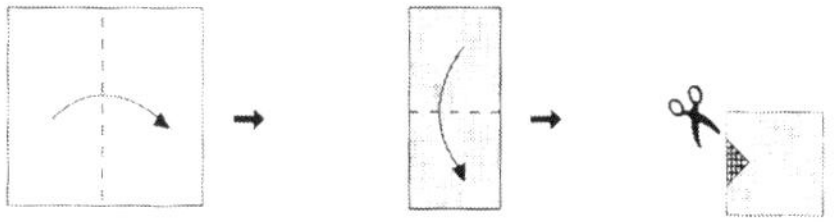

ひらくと　ついたせんと　あなは　どれかな

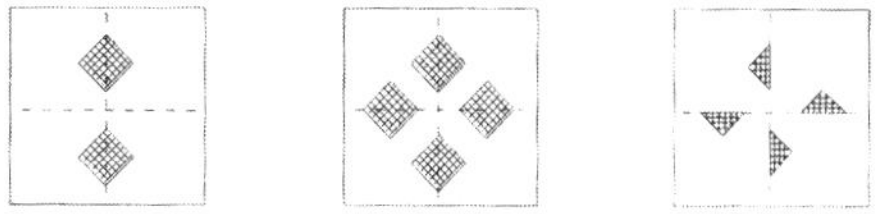

ⓐ　ⓑ　ⓒ

正解　a

※実際には16問出題されます

また、年中児の「ことばをさがそう」（図4）という課題は、ネズミ、ヘビ、パン、くつ下、帽子などの四十枚の絵カードのなかから、「やわらかいものは？」とか「水の中にいるものは？」など、与えられた言葉をもとにいろいろ連想してカードを探す遊びです。子どもたちは、カード上部の空欄に色を塗って仲間を集めます。

この遊びは、「概念の単位を拡散思考する」という知能因子を刺激します。言葉の意味をとらえ（概念）、該当すると思う絵カード（単位）をたくさん集めていく（拡散思考）。既成概念にとらわれない自由な考えをどんどん思いつくことによって、応用力が育ちます。

●指導方法と目的

「SIあそび」は設定保育ですが、いわゆる教師主導の保育ではなく、子ども主体の保育です。できた、できないという結果をいっさい問わず、子ども

図4　「ことばをさがそう」年中児（4～5歳）用

言葉を探す質問例

・人が体につけるものは？
・長いものは？
・動くものは？

※実際には40枚の絵カードを使用して言葉を探します

どうしを比べたり、競争させたりはしません。

子どもの感じかたや考えかたをすべて受け入れ、一人ひとりに合ったペースで進めていきます。いわゆる画一的、一斉的方法をとらないようにします。あくまでも子どもの自発性を尊重し、命令や指図、禁止句を用いないで子どもの活動をうながす指導方法です。早く正解を出すことを競うのではなく、迷いながらも自分の力で選択し、決断していくことに主眼をおいています。

それは、課題から逃げないで挑戦しつづける姿勢や努力に注目し、そのプロセスを大事にするということです。

自分で考える体験を何十回と積み重ねることによって、受け身だった子どもが能動的になる。周囲にまどわされないで、自分の考えをもてるようになる。自分の意思を主張できるようになる。

また、みんなの意見を聞いたり、共感の拍手をしたりすることで、友だちとかかわる知恵を学ぶようになる。ものごとを多面的にとらえる習慣が身につく。

集中力やがまん強さがつちかわれる。といった成果があらわれてきます。

卒園生の多くが、小学校の授業にいきいきと取り組むこと、高学年から伸びていくことなど、教育現場で高い評価を受けています。

「SIあそび」は、日本で唯一のギルフォード理論の研究教育機関であるギルフォード教育研究所・知能教育国際学会日本中央本部が企画、監修し、SI教育協会が編集、指導にあたっています。

現在、全国約三百七十の幼稚園や保育園で実施され、二十年近くつづけている園はすでに二百を超えます。実施園の連合組織としてギルフォード幼児教育の会があります。

ギルフォードSI教育協会・ギルフォード幼児教育の会
〒一三六―〇〇七一　東京都江東区亀戸二―三二―一〇―八〇二
電話〇三―六二七三―一二一二　FAX〇三―六二七三―一二一三

白濱洋征著『ギルフォード博士の子どもに自信をもたせる育て方』（サンマーク出版）より転載

〈参考文献〉

『人間性の心理学』A．H．マズロー、小口忠彦監訳、産能大、1971年
『知能の誕生』J．ピアジェ、谷村覚他訳、ミネルヴァ書房、1978年
『学びの身体技法』佐藤学、太郎次郎社、1997年
『引きこもるという情熱』芹沢俊介、雲母書房、2002年
『子どもたちはなぜ暴力に走るのか』、芹沢俊介、岩波書店、1985年
『ニイル著作集』全10巻、A．S．ニイル、霜田静志訳、黎明書房、1985年
『情緒発達の精神分析理論』D．W．ウィニコット、牛島定信訳、岩崎学術出版社、1981年
『乳幼児の知的発達と教育』J．McV．ハント、波多野誼余夫監訳、金子書房、1976年
『知を育てるということ』藤原智美、プレジデント社、2006年
『なぜその子供は腕のない絵を描いたか』藤原智美、祥伝社、2005年
『子どもの劣等感―問題児の分析と教育』A．アドラー、高橋堆治訳、誠信書房、1975年
『乳幼児の知性』ジェローム．S．ブルーナー、佐藤三郎編訳、誠信書房、1979年
『少年A　この子を産んで……。』少年Aの父母、文藝春秋、1999年
『子どもが壊れる家』草薙厚子、文藝春秋、2005年

『新しい母の本』、北畠道之、朝日新聞社、1980年
『心のパズルが解けた』、北畠道之、朝日新聞社、1993年
『甘えの構造』、土居健郎、弘文堂、2004年
『向山洋一の授業論』、向山洋一・根元正雄、明治図書、1988年
『情緒教育』トルダ・イロナ、羽仁協子訳、雲母書房、1989年
『クラスはよみがえる』、野田俊作・萩昌子、創元社、1996年
『0歳からはじまる子育てノート』佐々木正美、日本評論社、2006年
『育てにくい子と感じた時に読む本』佐々木正美、主婦の友社、2008年
『子どもが生きられる世界』野村新、一莖書房、1993年
『生活をつくる子どもたち・倉橋惣三理論再考』飯島婦佐子、フレーベル館、1990年
『小説的な授業への対話』塚本幸男、千葉教授学研究の会、2011年
『8歳で脳は決まる！子どもを救う父親の力』平山諭、河出書房新社、2005年
『ワンダフルカウンセラー・イエス―福音と交流分析』、杉田峰康、一麦出版社、2005年
『日本幼稚園史序説・関信三と近代日本の黎明』国吉栄、新読書社、2005年
『生命のきずな』、大田尭、偕成社、1998年
『歩きながら考える生命・人間・子育て』、大田尭、一ツ橋書房、2000年

『かすかな光へと歩む　生きることと学ぶこと』大田尭、一ツ橋書房、２０１１年
『園児の心を満たす快の保育と身体表現』原田碩三、黎明書房、２００１年
『幼児健康学』、原田碩三、黎明書房、１９９７年
『格差と貧困のないデンマーク』千葉忠夫、ＰＨＰ研究所、２０１１年
『日本はスウェーデンになるべきか』高岡望、ＰＨＰ研究所、２０１１年
『子どもの発達と子育て・子育て支援』丸山美知子、かもがわ出版、２００３年
『新心理学講義』ヴィゴツキー、柴田義松訳、新読書社、２００２年
『子どもの才能は3歳・7歳・10歳で決まる』林成之、幻冬舎新書、２０１１年
『2歳児・わが子の成長と発達を確かめよう』清水、驍、学陽書房、１９８９年
『頭のよい子に育てるしかた』伏見猛弥（社）英才教育研究所、１９６８年
『斎藤喜博全集』第4巻、国土社、１９６９年
『授業の成立』林、竹二、一莖書房、１９８３年
『ギルフォード知能構造論著作翻訳資料集』ギルフォード教育研究所編、１９８５年

撮影協力

北海道帯広市　帯西幼稚園
青森県むつ市　むつひまわり幼稚園
青森県むつ市　柳町むつひまわり保育園
東京都世田谷区　さくら幼稚園
福岡県福岡市　早良幼稚園
宮崎県日向市　日知屋東幼稚園
鹿児島県鹿児島市　伊敷幼稚園

〈著者紹介〉
白濱洋征（しらはま ひろゆき）
1941 年、鹿児島県生まれ。NPO 法人ギルフォード SI 教育協会代表理事。NPO 法人ヒューマンネットワークげんき代表。64 年、早稲田大学第一文学部卒業。教育図書の編集者を経て、ギルフォード博士の知能構造論（SI 理論）にもとづく『SI あそび』の指導講師として、全国の幼稚園、保育園で 30 余年保育指導に当たっている。現場の実践から編み出された指導理論は幼稚園、保育園から高い評価を得ている。教育相談や小中学校での講演活動など精力的に活動している。著書『ギルフォード博士の子どもに自信をもたせる育て方』（サンマーク出版）、『うれしい言葉は人を変える』（蒼海出版）。

子どもの心をひらく―考える力を引き出す保育の実際―

2015年11月10日　第二刷発行

著　者　白　濱　洋　征
発行者　斎　藤　草　子
発行所　一　莖　書　房
〒 173-0001　東京都板橋区本町 37-1
電話 03-3962-1354
FAX 03-3962-4310

組版／四月社　印刷・製本／日本ハイコム
ISBN978-4-87074-178-2　C0037